Tiffany Wolff

Politikunterricht mit Flüchtlingskindern 5–7

Arbeitsblätter mit darauf abgestimmten Wortschatzkarten: Sofort-Hilfe für Lehrer ohne DaZ-Kenntnisse

Auer

3. Auflage 2025

Autor*innen: Tiffany Wolff
Covergestaltung: fotosatz griesheim GmbH
Coverillustration: Steffen Jähde
Illustrationen: Steffen Jähde
Satz: Satzpunkt Ursula Ewert GmbH, Bayreuth
Druck und Bindung: PMLS – Print Management Logistics Solutions
ISBN 978-3-403-**08033**-6

www.auer-verlag.de

Inhaltsverzeichnis

Flüchtlingskinder, die nach dem Besuch der Vorbereitungsklasse auf die Regelklassen verteilt werden, sollen möglichst sofort in das Unterrichtsgeschehen mit einbezogen werden.

Sie sollen
- Freude am Zuhören und Mitsprechen sowie am Lesen und Schreiben in der Zweitsprache entwickeln,
- die deutsche Standardsprache immer besser verstehen können (zuerst nur Gesprochenes, dann auch Geschriebenes),
- sich zunehmend differenziert in deutscher Standardsprache verständigen bzw. sich am Unterricht beteiligen können: zuerst nur mündlich, dann auch schriftlich,
- unter Wahrung ihrer sprachlichen und kulturellen Identität in die neue Sprach- und Kulturgemeinschaft als aktives Mitglied hineinwachsen.

Die Kopiervorlagen in diesem Band richten sich an Schüler[1], deren **Muttersprache nicht Deutsch** ist. Sie zielen darauf ab, die Sprachkompetenz dieser Schüler zu erweitern und sie bestmöglich in ihrem mündlichen und schriftlichen Sprachgebrauch zu fördern. Damit wird gleichzeitig die Integration in der Lerngruppe erleichtert.

Die Schüler sollen inhaltlich klar umrissene **fachspezifische Themenfelder** aus den Kerncurricula erarbeiten. Die vorliegenden Materialien sind somit nicht nur für den DaZ-Unterricht, sondern primär für den **Fachunterricht** geeignet. Damit lernen die Schüler die fachlichen Inhalte und verbessern gleichzeitig ihre Deutschkenntnisse. Weiterhin müssen die Schüler nicht separate Inhalte lernen, sondern erschließen sich die gleichen Kompetenzen wie ihre deutschsprachigen Mitschüler. Flüchtlingskinder werden also im Fachunterricht „mitgenommen“ und eine Teilhabe am Unterricht wird ermöglicht, was wiederum zu ihrer Integration beiträgt.

Jedes Kapitel ist gleich aufgebaut: Es enthält eine Seite mit Wortschatzkarten, die das unbekannte Vokabular der Arbeitsblätter mittels Bildern und englischen Übersetzungen einführen, sowie zwei Arbeitsblätter in unterschiedlichen sprachlichen und inhaltlichen Differenzierungsstufen. Damit wird ermöglicht, dass die Schüler am gleichen Thema auf unterschiedlichem Sprachniveau arbeiten können.

Die sich im Buch befindlichen Materialien können schnell, einfach und effizient von der Lehrkraft genutzt werden.

[1] Aufgrund der besseren Lesbarkeit ist mit Schüler auch immer Schülerin gemeint, ebenso verhält es sich bei Lehrer und Lehrerin etc.

Jedes Thema besteht aus zwei Arbeitsblättern. Diese wurden sowohl sprachlich als auch qualitativ und quantitativ differenziert konzipiert.

Das **einfachere Arbeitsblatt** ist vor allem für Schüler geeignet, die die deutsche Sprache noch in sehr geringem Maß bzw. gar nicht beherrschen. Das **anspruchsvollere Arbeitsblatt** ist für diejenigen gedacht, die schon etwas besser Deutsch können. Beide enthalten eindeutige Bilder, Begriffshilfen und leichte Sprache für ein barrierefreies Erschließen von Texten[1]. Die Sätze sind verhältnismäßig kurz, jede Aufgabenstellung enthält möglichst nur einen Inhalt, abstrakte Begriffe werden vermieden.

Um den Schülern das Erschließen der Inhalte und das Erledigen der Arbeitsaufträge zu erleichtern, werden zahlreiche Begriffe, die in den Arbeitsblättern verwendet werden, mithilfe von **Wortschatzkarten** erklärt. Auf diesen Karten befinden sich das deutsche Wort (Verb, Adjektiv bzw. Nomen), dessen englische Übersetzung und ein passendes Bild. Verben werden in der Regel im Infinitiv und im Imperativ dargestellt, bei Nomen werden Einzahl und Mehrzahl genannt.

Insgesamt werden drei verschiedene Wortschatzarten angeboten. Der **Schulwortschatz** enthält elementare Basiswörter, die benötigt werden, um sich im Umfeld Schule sprachlich zurechtzufinden. Des Weiteren gibt es den **Fachwortschatz**. Dort werden alle grundlegenden Wörter, die für das Fach relevant sind, entsprechend dem oben erwähnten Muster abgebildet. Dieser wird ergänzt durch den **Themenwortschatz**, der sich speziell auf das jeweilige Thema bezieht. Die Wortschatzkarten sollten ausgeschnitten und in Karteikästen gesammelt werden, sodass die Schüler die Wörter jederzeit wiederholen und nachschlagen können.

Werden in den Arbeitsblättern den Schülern unbekannte Wörter genannt, sind sie entsprechend gekennzeichnet und können mithilfe der Wortschatzkarten nachgeschlagen werden. Zur Unterscheidung der drei Wortschatzarten werden alle Wörter, die im Schulwortschatz nachzuschlagen sind, mit unterbrochener Unterstreichung markiert. Ist ein Wort durchgehend unterstrichen, so findet man es im Fachwortschatz oder im Themenwortschatz. Selbstverständlich werden die unbekannten Wörter auch in den Lösungen entsprechend ausgewiesen, sodass die Schüler auch an dieser Stelle die Möglichkeit erhalten, fachlichen Inhalt und sprachliche Kenntnisse zu vertiefen.

Auf den Wortschatzkarten sind alle Begriffe alphabetisch sortiert. Sind im Arbeitsblatt Verben durch Konjugation im Vergleich zum dazugehörigen Infinitiv sehr stark verändert (z. B. „miss“ und „messen“), wird in Klammern auf den Infinitiv verwiesen, um das Auffinden in den Wortschatzkarten zu erleichtern.

[1] In Anlehnung an die Europäischen Richtlinien für leichte Lesbarkeit

Das vorliegende Werk orientiert sich an den Lehrplänen und curricularen Vorgaben sowie an den gängigen Schulwerken. Es werden damit möglichst viele Inhalte des Politikunterrichts in den Jahrgangsstufen 5–7 abgedeckt. Es soll den Lehrern eine wertvolle Hilfe sein, Lernenden nicht deutscher Herkunft den Unterrichtsstoff der Lerngruppe zu vermitteln und gleichzeitig die sprachlichen Kompetenzen zu fördern.

Die Arbeitsblätter sowie die Wortschatzkarten sollen den Lehrern als Unterstützung dienen, Schüler, die Schwierigkeiten mit der deutschen Sprache haben, in den Politikunterricht einbinden zu können. Durch die Arbeit mit den unterschiedlichen Aufgabenformaten erlernen diese dabei einerseits die im Politikunterricht notwendigen Fachbegriffe, andererseits die erforderlichen Inhalte.

Für jedes Thema gibt es jeweils zwei differenzierte Arbeitsblätter, denen ein gemeinsamer Wortschatz zugrunde liegt. Die Arbeitsblätter sind in ihrer Schwierigkeit sowohl nach dem sprachlichen Niveau als auch hinsichtlich der kognitiven Aktivierung differenziert gestaltet. Somit kann die Mitwirkung der Schüler mit geringen Deutschkenntnissen im regulären Unterricht den individuellen Voraussetzungen und Bedürfnissen der Lernenden angepasst werden.

Dabei sollte nicht außer Acht gelassen werden, dass eine Sprache nur über ein verbales Vorbild erlernt werden kann. Es ist also unerlässlich, die Schüler direkt anzusprechen bzw. sie mit Schülern der Klasse gemeinsam arbeiten – und sprechen – zu lassen.

Es wurde Wert darauf gelegt, dass die Formate vielfach durch Icons erläutert werden und sich die Aufgabentypen wiederholen, um eine Wiedererkennung zu ermöglichen und selbstständiges Arbeiten zu erleichtern.
Häufig findet sich zu Beginn eines neuen Themas ein Informationstext, in dem auf einfachem Sprachniveau die wichtigsten Sachverhalte erläutert werden.

Bei der Erstellung der Arbeitsmaterialien wurden vor allem folgende Unterrichtsprinzipien zugrunde gelegt:

- **Prinzip der Differenzierung**
  Die Arbeitsblätter in zwei Niveaustufen sind unterschiedlich einsetzbar:
  - Als qualitative Differenzierung: Für leistungsschwächere Schüler ist Niveaustufe 1 gedacht, für leistungsstärkere Niveaustufe 2.
  - Als quantitative Differenzierung: Für leistungsschwächere Lernende kann der Umfang vieler Aufgaben ohne Weiteres reduziert werden, indem sie z. B. nur einen Teil eines Arbeitsblatts bearbeiten. Leistungsstärkere hingegen können zuerst das Aufgabenniveau 1 und später das Aufgabenniveau 2 bearbeiten. Dabei wird ein Teil der Aufgaben Wiederholung sein, um die erlernten Worte zu vertiefen und zu sichern, ein weiterer Teil ist Transferleistung, Verknüpfung oder weiterführende Arbeit.
- **Prinzip der Selbsttätigkeit/Aktivierung**
  Den Lernenden soll die Gelegenheit gegeben werden, einen Sachverhalt mithilfe ihrer individuellen Lern- und Handlungsmöglichkeiten zu bearbeiten, damit sie dabei ihre Selbstständigkeit und Selbstbestimmung entwickeln können. Es wurden daher häufiger Bastel- und Legeformate gewählt, um die Schüler möglichst mit allen Sinnen zum einen

selbsttätig agieren zu lassen und zum anderen deren Motivation zu fördern.
Für Lerner mit geringen Sprachkenntnissen ist hierbei aber eine ständige Begleitung durch die Lehrkraft und/oder Mitschüler notwendig (z. B. um die Aussprache zu üben oder um Farbgebungen zu erläutern).

- **Prinzip der Anschaulichkeit**
  Schon durch den Einsatz der Bilder wird der Zielgruppe der Inhalt verdeutlicht. Ich habe aber daneben vielfach Aufgaben gewählt, die den Lerninhalt über eine weitere Darstellungsebene veranschaulichen sollen, sodass dieser den Lernenden auch sinnlich erfassbar gemacht wird.

Methodisch habe ich mich ebenfalls an den in den Schulbüchern gängigen Aufgabenformaten orientiert. Wichtig bei der Methodenwahl war mir, dass die Schüler für sich selbst arbeiten und dass auch vielfach Verknüpfungen zur Klasse hergestellt werden können.

Bei verschiedenen Aufgaben muss der Atlas benutzt werden, ohne dass ich dessen Einführung explizit aufgenommen habe. Hier benötigen die Schüler insbesondere Unterstützung bei der Kartenwahl.

Außerdem kommen immer wieder Übungen vor, bei denen die Lernenden mit unterschiedlichen Farben arbeiten sollen. Es scheint mir unerlässlich, bei diversen Aufgaben nicht auf Farbgebung zu verzichten.

Die Lösungen zu den jeweiligen Arbeitsblättern sind sowohl als Hilfe für die Lehrkraft als auch zur Selbstkontrolle geeignet.

Ich wünsche Ihnen viel Erfolg und hoffe, Sie in Ihrer Arbeit mit den Schülern, die über geringe Deutschkenntnisse verfügen, unterstützen zu können.

Tiffany Wolff

Schulwortschatz

Schulwortschatz

ankreuzen kreuze an! *to tick*		das Ankreuzen – *ticking*

Schulwortschatz

anmalen male an! *to colour*		das Anmalen – *colouring*

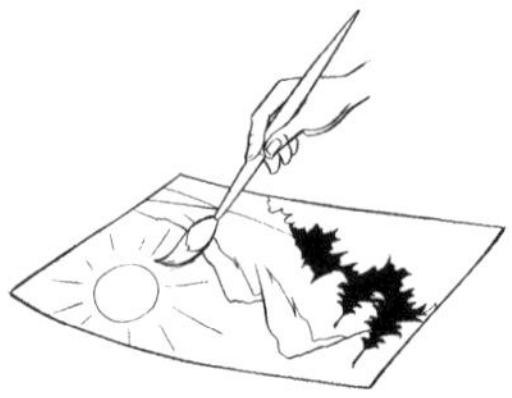

Schulwortschatz

		die Aufgabe die Aufgaben *the task*

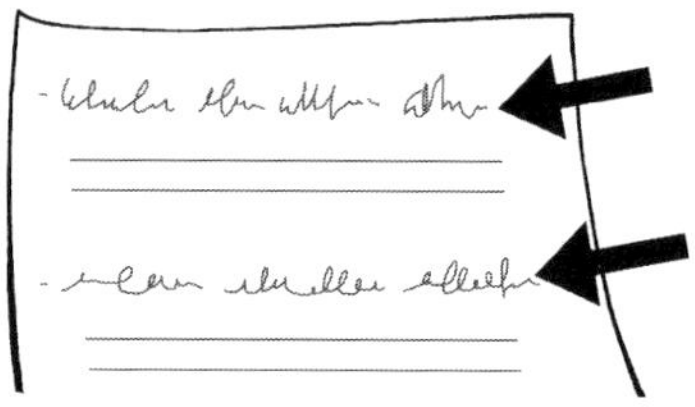

Schulwortschatz

aufstehen steh auf! *to stand up*		das Aufstehen – *standing up*

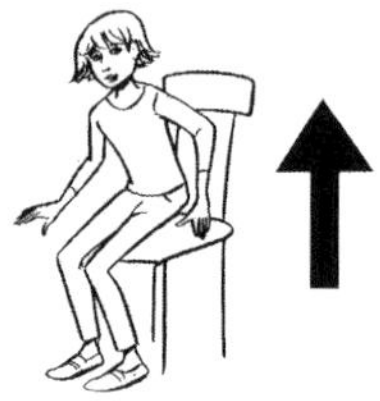

Schulwortschatz

		die Aula die Aulen / Aulas *the assembly hall*

Schulwortschatz

ausschneiden schneide aus! *to cut out*		das Ausschneiden – *cutting out*

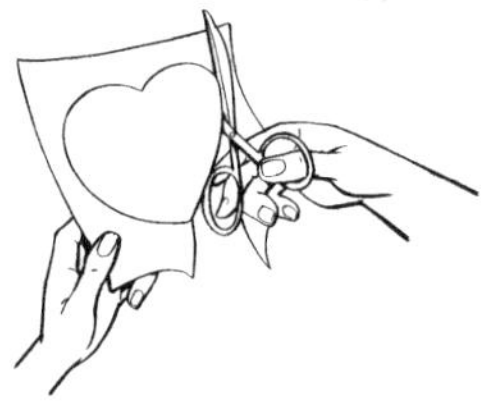

Schulwortschatz

beantworten beantworte! *to answer*		die Beantwortung die Beantwortungen *the answer*

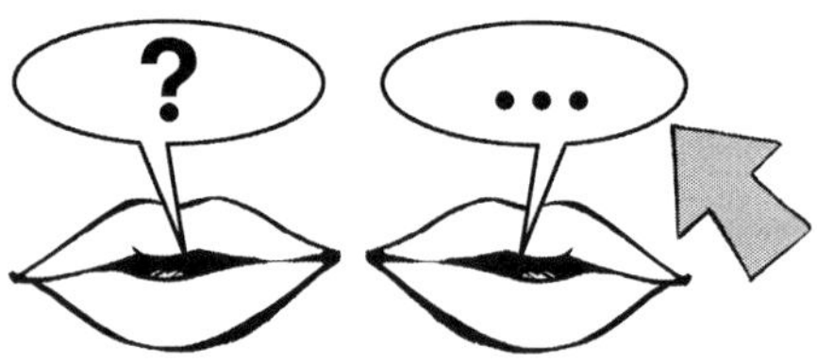

Schulwortschatz

		das Beispiel die Beispiele *the example*

Schulwortschatz

beschreiben beschreibe! *to describe*		die Beschreibung die Beschreibungen *the description*

Schulwortschatz

beschriften beschrifte! *to label*		die Beschriftung die Beschriftungen *the label*

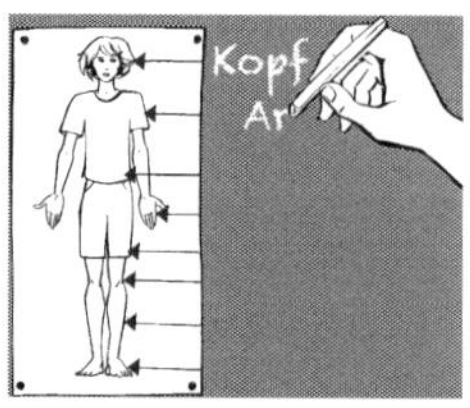

Schulwortschatz

Schulwortschatz		
betrachten betrachte! *to examine*		die Betrachtung die Betrachtungen *the examination*

Schulwortschatz		
	bildlich *pictorial*	**das Bild** die Bilder *the picture*

Schulwortschatz		
		der Bleistift die Bleistifte *the pencil*

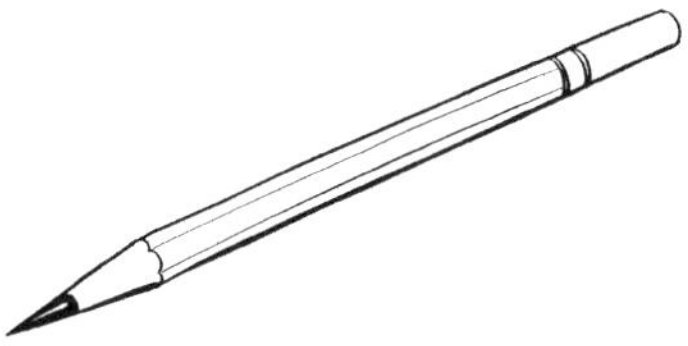

Schulwortschatz		
		der Block die Blöcke *the notepad*

Schulwortschatz		
		das Buch die Bücher *the book*

Schulwortschatz		
buchstabieren buchstabiere! *to spell*		**der Buchstabe** die Buchstaben *the letter*

A

Schulwortschatz		
		der Buntstift die Buntstifte *the coloured pencil*

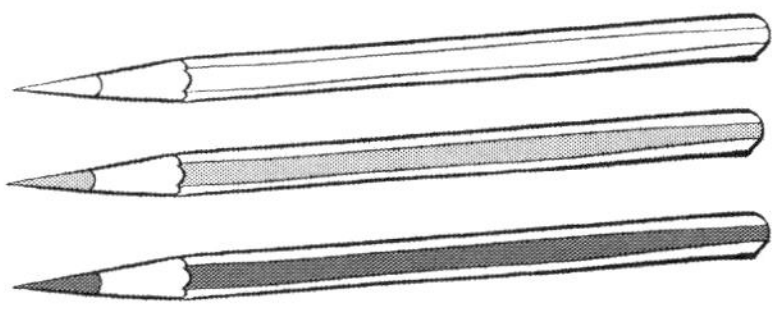

Schulwortschatz		
		das Datum – *the date*

Schulwortschatz		
durchstreichen streiche durch! *to cross out*		das Durchstreichen – *crossing out*

Schulwortschatz		
erklären erkläre! *to explain*		die Erklärung die Erklärungen *the explanation*

Schulwortschatz

Schulwortschatz

	falsch *wrong*	das Falsche – *the wrong answer*

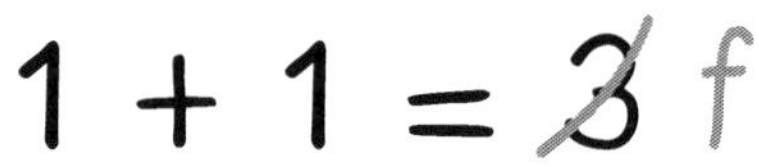

Schulwortschatz

		das Fenster die Fenster *the window*

Schulwortschatz

fragen frage! *to ask*		die Frage die Fragen *the question*

Schulwortschatz

füllen fülle! *to fill*		**der Füller** die Füller *the ink pen*

Schulwortschatz

		der Hausmeister/ die Hausmeisterin die Hausmeister/-innen *the caretaker*

Schulwortschatz

		das Heft die Hefte *the exercise book*

Schulwortschatz

helfen hilf! *to help*		die Hilfe die Hilfen *the help*

Schulwortschatz

(sich) hinsetzen setze dich hin! *to sit down*		das Hinsetzen – *sitting down*

Schulwortschatz

hören höre! *to hear*		das Hören – *hearing*

Schulwortschatz

		das Kästchen die Kästchen *the box*

Schreibe das Wort in das ☐.

Schulwortschatz

Schulwortschatz

		das Klassenzimmer die Klassenzimmer *the classroom*

Schulwortschatz

lehren lehre! *to teach*		**der Lehrer/die Lehrerin** die Lehrer/-innen *the teacher*

Schulwortschatz

		das Lehrerzimmer die Lehrerzimmer *the teacher's room*

Schulwortschatz

	leicht *easy*	

1+1=2

Schulwortschatz

lernen lerne! *to learn*		das Lernen – *learning*

Schulwortschatz

lesen lies! *to read*		das Lesen – *reading*

Schulwortschatz

		das Lineal die Lineale *the ruler*

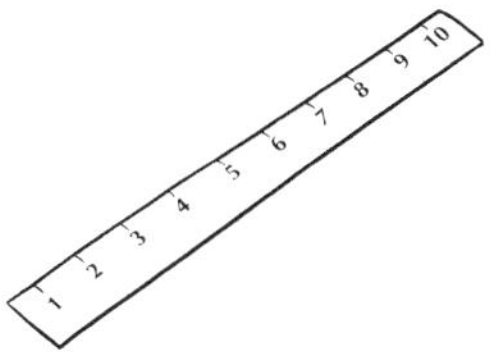

Schulwortschatz

		die Lücke die Lücken *the gap*

Fülle die ____________ aus.

Schulwortschatz

		das Mäppchen die Mäppchen *the pencil case*

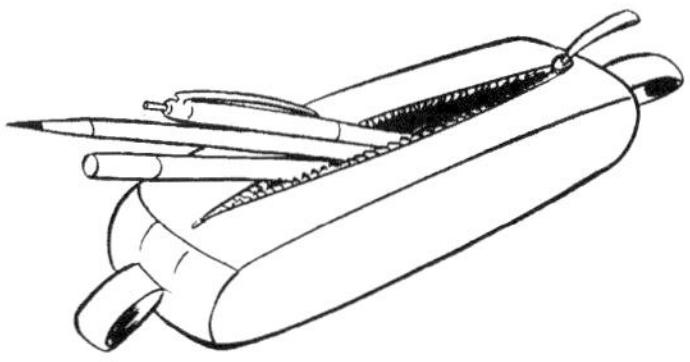

Schulwortschatz

markieren markiere! *to highlight*		die Markierung die Markierungen *the highlight*

Tiffany Wolff: Politikunterricht mit Flüchtlingskindern 5–7
© Auer Verlag

Schulwortschatz

Schulwortschatz

nennen nenne! *to name*		das Nennen – *the naming*

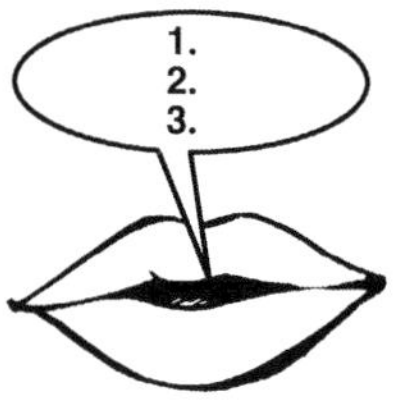

Schulwortschatz

ordnen ordne! *to order*		die Ordnung – *the order*

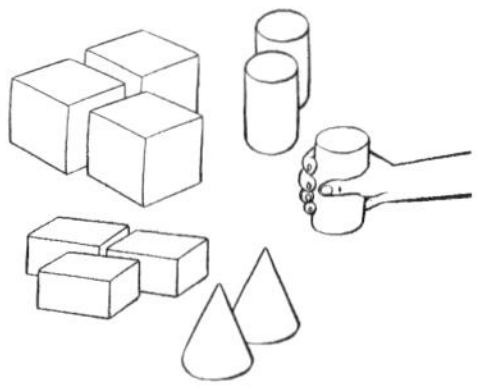

Schulwortschatz

		der Ordner die Ordner *the file*

Schulwortschatz

		der Papierkorb die Papierkörbe *the waste-paper basket*

Schulwortschatz

		die Pause die Pausen *the break*

	Montag	Dienstag
8:00-8:45	Deutsch	Mathematik
8:45-9:30	Deutsch	Englisch
9:30-9:50		
9:50-10:35	Englisch	Deutsch

Schulwortschatz

		der Pausenhof die Pausenhöfe *the schoolyard*

Schulwortschatz

radieren radiere! *to rub out*		**der Radiergummi** die Radiergummis *the rubber*

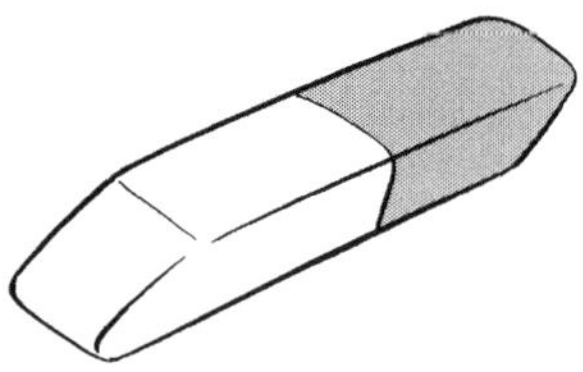

Schulwortschatz

rechnen rechne! *to count*		die Rechnung die Rechnungen *the calculation*

Schulwortschatz

		die Reihenfolge die Reihenfolgen *the order*

1 → 2 → 3 → 4 → 5 → …

Schulwortschatz

	richtig *right*	das Richtige – *the right answer*

1 + 1 = 2 ✓

Schulwortschatz

Schulwortschatz

		die Schere die Scheren *the scissors*

Schulwortschatz

schreiben schreibe! *to write*		das Schreiben – *writing*

Schulwortschatz

		der Schulleiter/ die Schulleiterin die Schulleiter/-innen *the head teacher*

Schulwortschatz

	schwer *difficult*	

$$\int_a^b f(x)dx=F(b)-F(a)$$

Schulwortschatz

sehen sieh! *to see*		das Sehen – *seeing*

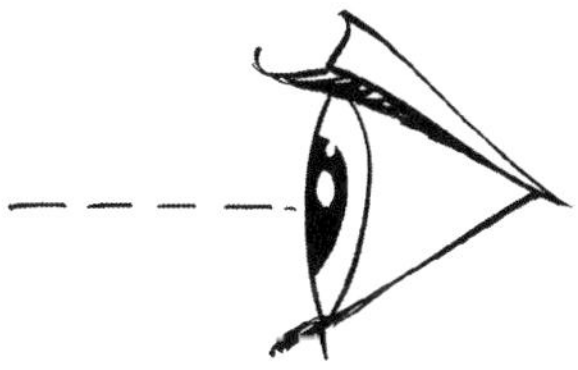

Schulwortschatz

		das Sekretariat die Sekretariate *the school office*

Schulwortschatz

spielen spiele! *to play*		das Spiel die Spiele *the game*

Schulwortschatz

spitzen spitze! *to sharpen*	spitz *sharp*	**der Spitzer** die Spitzer *the pencil sharpener*

Schulwortschatz

sprechen sprich! *to speak*		das Sprechen – *speaking*

Schulwortschatz

		der Stift die Stifte *the pen*

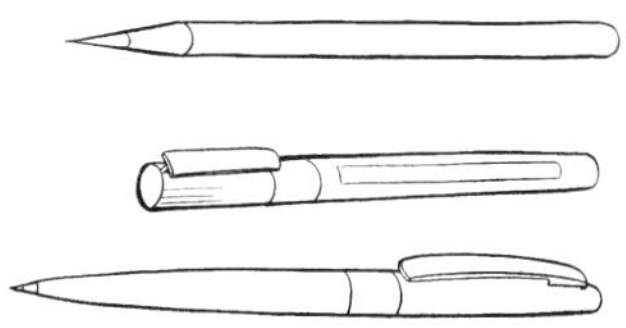

Schulwortschatz

Schulwortschatz

		der Stuhl die Stühle *the chair*

Schulwortschatz

suchen suche! *to search*		die Suche die Suchen *the search*

Schulwortschatz

		die Tabelle die Tabellen *the table*

falsch	richtig

Schulwortschatz

		die Tafel die Tafeln *the blackboard*

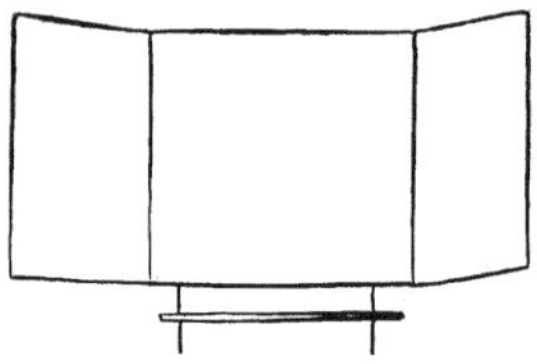

Schulwortschatz

		die Tasche die Taschen *the bag*

Schulwortschatz

		der Textmarker die Textmarker *the highlighter*

Schulwortschatz

		der Tisch die Tische *the table*

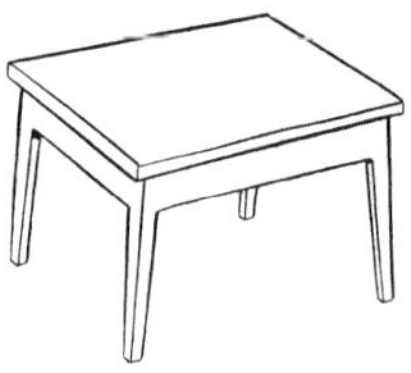

Schulwortschatz

überlegen überlege! *to consider*		die Überlegung die Überlegungen *the consideration*

Schulwortschatz

überprüfen überprüfe! *to check*		die Überprüfung die Überprüfungen *the check*

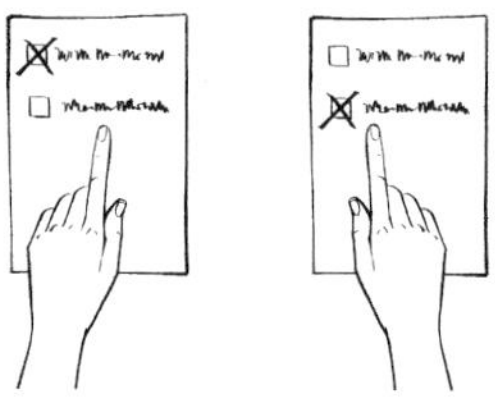

Schulwortschatz

übersetzen übersetze! *to translate*		die Übersetzung die Übersetzungen *the translation*

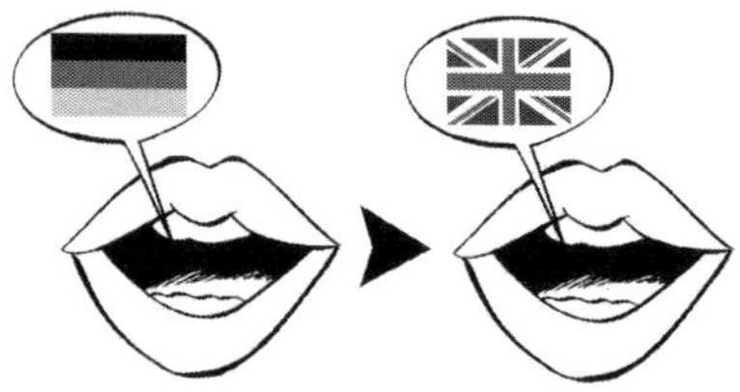

Schulwortschatz

Schulwortschatz

		die Uhr die Uhren *the clock*

Schulwortschatz

verbinden verbinde! *to connect*		die Verbindung die Verbindungen *the connection*

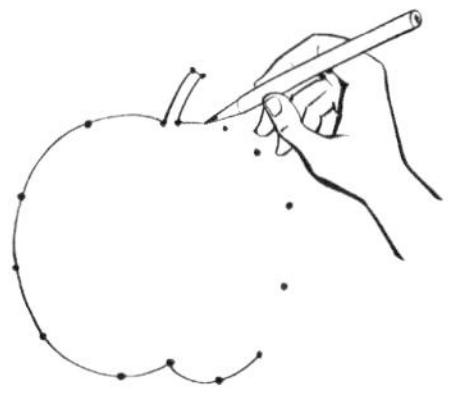

Schulwortschatz

wiederholen wiederhole! *to repeat*		die Wiederholung die Wiederholungen *the repetition*

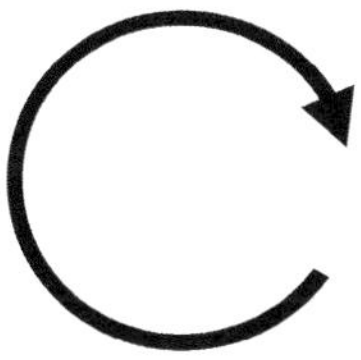

Schulwortschatz

		das Wort die Wörter *the word*

Wort

Schulwortschatz

		das Wörterbuch die Wörterbücher *the dictionary*

Schulwortschatz

zählen zähle! *to count*		**die Zahl** die Zahlen *the number*

1

Schulwortschatz

zeichnen zeichne! *to draw*		die Zeichnung die Zeichnungen *the drawing*

Schulwortschatz

zeigen zeige! *to show*		das Zeigen – *showing*

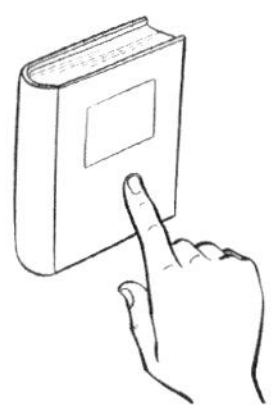

Schulwortschatz

	zeitlich *temporal*	**die Zeit** die Zeiten *the time*

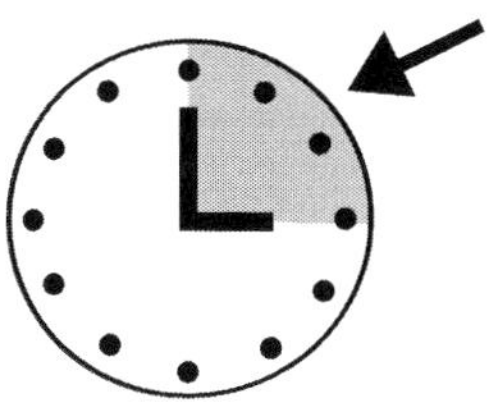

Schulwortschatz

zuordnen ordne zu! *to match*		die Zuordnung die Zuordnungen *the matching*

Fachwortschatz

Fachwortschatz Politik

		das Abgas die Abgase *the exhaust*

Fachwortschatz Politik

arbeiten arbeite! *to work*	arbeitend *working*	**die Arbeit** die Arbeiten *the work*

Fachwortschatz Politik

		der Artikel die Artikel *the article*

Fachwortschatz Politik

		der Atlas die Atlanten *the atlas*

Fachwortschatz Politik

		das Auto die Autos *the car*

Fachwortschatz Politik

bestimmen bestimme! *to determine*		**die Bestimmung** die Bestimmungen *the determination*

Fachwortschatz Politik

(sich) bilden bilde dich! *to educate*	gebildet *educated*	**die Bildung** – *the education*

Fachwortschatz Politik

		der Bürger die Bürger *the citizen*

Fachwortschatz Politik

	demokratisch *democratic*	**die Demokratie** die Demokratien *the democracy*

Fachwortschatz Politik

	deutsch *German*	**Deutschland** – *Germany*

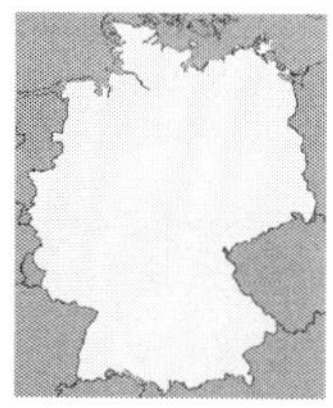

Fachwortschatz

Fachwortschatz Politik		
einhalten halte ein! *to comply*		die Einhaltung die Einhaltungen *the compliance*

Fachwortschatz Politik		
		– **die Eltern** *the parents*

Fachwortschatz Politik		
		die Energie die Energien the energy

Fachwortschatz Politik		
essen iss! *to eat*		das Essen die Essen *the food*

Fachwortschatz Politik		
		die Fabrik die Fabriken *the factory*

Fachwortschatz Politik		
		die Familie die Familien the family

Fachwortschatz Politik		
färben färbe! *to dye*	farbig *coloured*	**die Farbe** die Farben *the colour*

Fachwortschatz Politik		
folgen folge! *to follow*		**die Folge** die Folgen *the consequence*

Fachwortschatz Politik		
befreien befreie! *to free*	**frei** *free*	die Freiheit die Freiheiten *the freedom*

Fachwortschatz Politik		
		der Freund/die Freundin die Freunde *the friend*

Fachwortschatz

Fachwortschatz Politik

		das Geld die Gelder *the money*

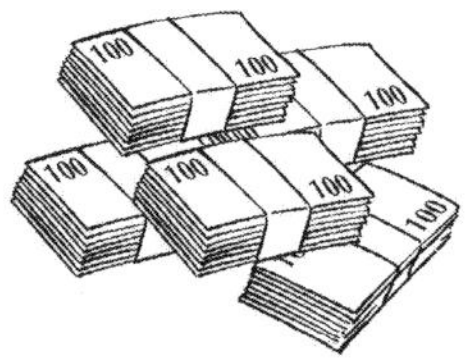

Fachwortschatz Politik

	gemeinsam *together*	**die Gemeinschaft** die Gemeinschaften *the community*

Fachwortschatz Politik

	gesetzlich *legal*	**das Gesetz** die Gesetze *the law*

Fachwortschatz Politik

	gesund *healthy*	**die Gesundheit** – *the health*

Fachwortschatz Politik

	gleich *equal*	die Gleichheit die Gleichheiten *the equality*

Fachwortschatz Politik

		das Grundgesetz die Grundgesetze *the constitutional law*

Fachwortschatz Politik

informieren informiere! *to inform*	informiert *informed*	**die Information** die Informationen *the information*

Fachwortschatz Politik

kaufen kaufe! *to buy*	gekauft *bought*	der Kauf die Käufe *the purchase*

Fachwortschatz Politik

		der Klassensprecher die Klassensprecher *the class representative*

Fachwortschatz Politik

kleiden kleide! *to clothe*		**die Kleidung** *the clothing*

Fachwortschatz

Fachwortschatz Politik		
		der Kontinent die Kontinente *the continent*

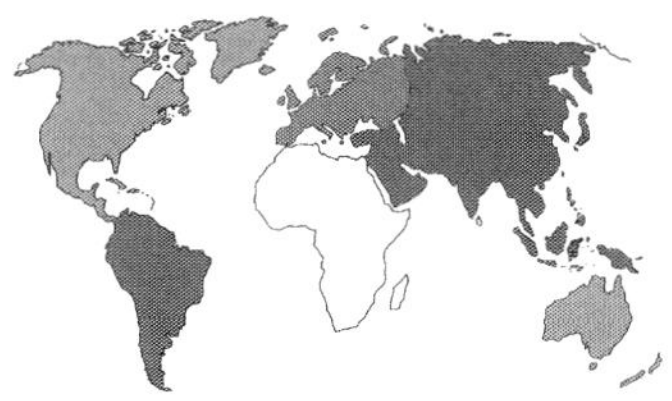

Fachwortschatz Politik		
leben lebe! *to live*	lebendig *alive*	**das Leben** die Leben *the life*

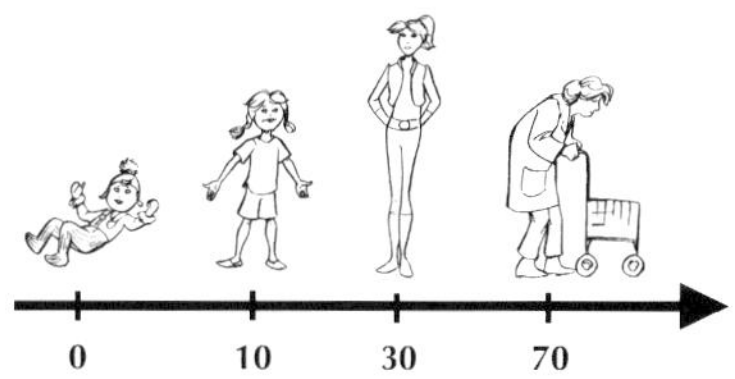

Fachwortschatz Politik		
lösen löse! *to solve*		**die Lösung** die Lösungen *the solution*

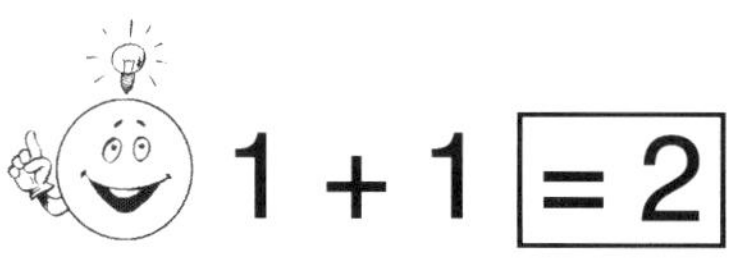

Fachwortschatz Politik		
	mächtig *powerful*	**die Macht** die Mächte *the power*

Fachwortschatz Politik		
meinen meine *to opine*		**die Meinung** die Meinungen *the opinion*

Fachwortschatz Politik		
	menschlich *human*	**der Mensch** die Menschen *the human*

Fachwortschatz Politik		
		der Müll – *the rubbish*

Fachwortschatz Politik		
		die Müllabfuhr die Müllabfuhren *the garbage collection*

Fachwortschatz Politik		
bemuttern bemuttere! *to mother*	mütterlich *maternal*	**die Mutter** die Mütter *the mother*

Fachwortschatz Politik		
verpflichten verpflichte! *to obligate*	verpflichtend *obligatory*	**die Pflicht** die Pflichten *the duty*

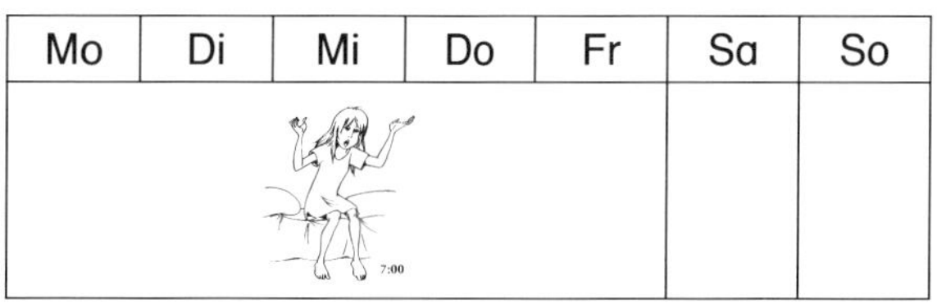

Fachwortschatz

Fachwortschatz Politik

		das Plastik – *the plastic*

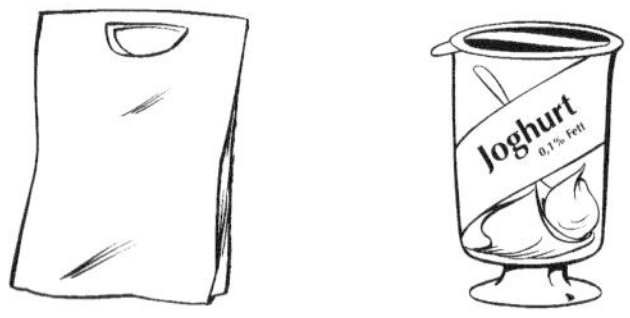

Fachwortschatz Politik

puzzeln puzzle! *to puzzle*		**das Puzzle** die Puzzles *the puzzle*

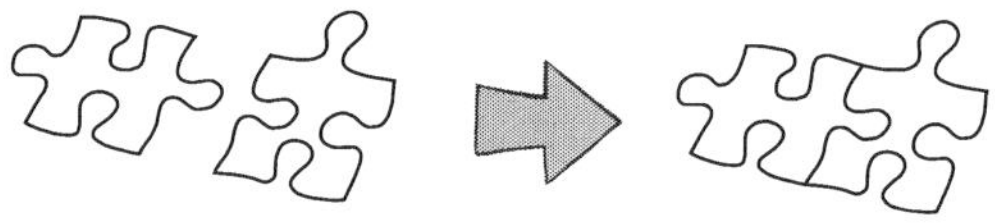

Fachwortschatz Politik

		der Rauch – *the smoke*

Fachwortschatz Politik

	rechtens *rightly*	**das Recht** die Rechte *the justice*

Fachwortschatz Politik

		der Richter die Richter *the judge*

Fachwortschatz Politik

		das Schaubild die Schaubilder *the diagram*

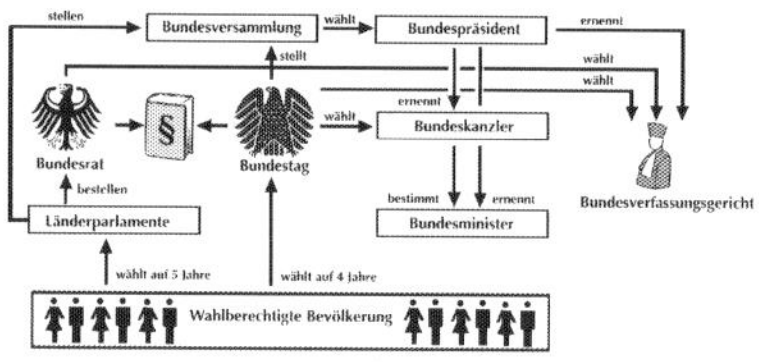

Fachwortschatz Politik

schützen schütze! *to protect*	schützend *protective*	**der Schutz** – *the protection*

Fachwortschatz Politik

	staatlich *governmental*	**der Staat** die Staaten *the government*

Fachwortschatz Politik

streiten streite! *to argue*		**der Streit** die Streite *the argument*

Fachwortschatz Politik

	tierisch *animal*	**das Tier** die Tiere *the animal*

Fachwortschatz

Fachwortschatz Politik

		die Umwelt – *the environment*

Fachwortschatz Politik

		der Vater die Väter *the father*

Fachwortschatz Politik

verbrauchen verbrauche! *to consume*		**der Verbraucher** die Verbraucher *the consumer*

Fachwortschatz Politik

verdienen verdiene! *to earn*		der Verdienst die Verdienste *the earnings*

Fachwortschatz Politik

verhalten verhalte! to behave		**das Verhalten** die Verhalten *the behavior*

Fachwortschatz Politik

	viel *much*	

Fachwortschatz Politik

wählen wähle! *to elect*	gewählt *elected*	die Wahl die Wahlen *the election*

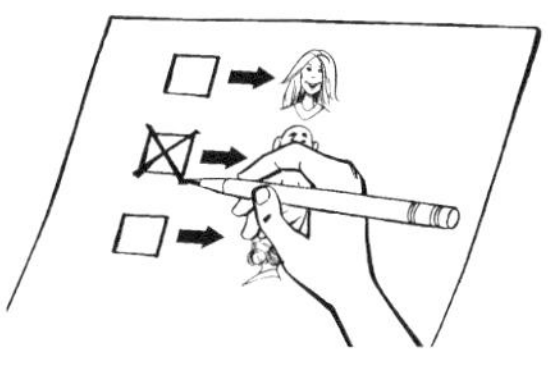

Fachwortschatz Politik

wässern wässere! *to water*	wässrig *watery*	**das Wasser** die Wasser *the water*

Fachwortschatz Politik

	wichtig *important*	

Fachwortschatz Politik

	wirtschaftlich *economic*	**die Wirtschaft** die Wirtschaften *the economy*

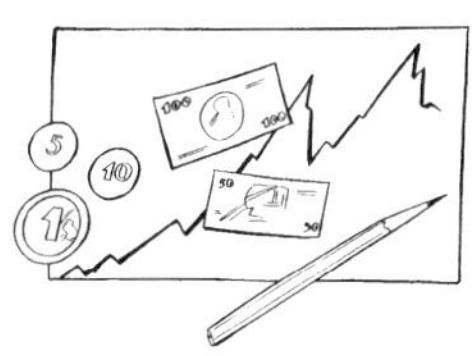

Ich und andere

Ich und andere			Ich und andere		
		der Bruder die Brüder *the brother*	**treffen** triff! *to meet*		das Treffen die Treffen *the meeting*

Ich und andere

Fremdbestimmung	Selbstbestimmung

1. Fremdbestimmung oder Selbstbestimmung?
Kreuze richtig an (→ ankreuzen).

Der Lehrer gibt Hausaufgaben auf.		
Laura macht die Hausaufgaben.		
Laura trifft (→ treffen) eine Freundin.		
Laura muss um 18 Uhr zu Hause sein.		

2. a) Lies (→ lesen) den Text:

Jeder gehört zu einer Gemeinschaft. Eine Gemeinschaft sind viele Menschen.
Das sind die Freunde, die Familie oder die Klasse.

b) Ordne die Begriffe den Bildern zu (→ zuordnen): Freunde – Familie – Klasse

c) Nenne eine 4. Gemeinschaft. Zeichne ein Bild.

① 

____

② 

____

ICH

③ 

____

④

____

Ich und andere

1. Suche diese neun Wörter in dem Rätsel. Markiere sie.

Mutter

Vater

Pause

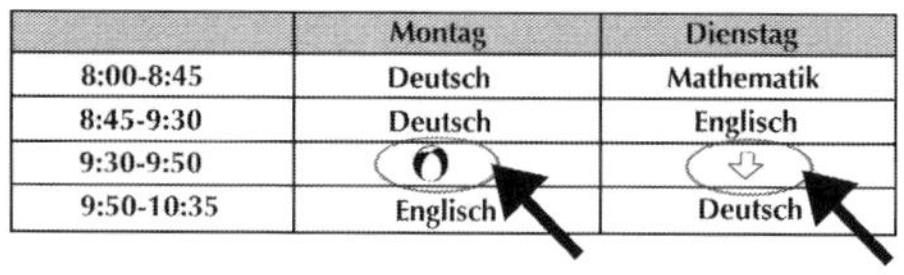

	Montag	Dienstag
8:00-8:45	Deutsch	Mathematik
8:45-9:30	Deutsch	Englisch
9:30-9:50		
9:50-10:35	Englisch	Deutsch

Bruder

Junge

Party

Ball

Spiel

Fernseher

M	U	T	T	E	R	A	A	G	Z	U	H	P
L	L	F	E	R	N	S	E	H	E	R	P	A
A	D	W	I	I	P	L	O	V	A	T	E	R
S	P	I	E	L	A	T	J	M	L	L	C	T
G	V	B	S	X	U	X	R	T	D	F	I	Y
N	M	L	R	A	S	R	G	B	N	M	R	H
M	J	U	N	G	E	L	M	F	E	T	S	T
B	A	L	L	K	K	H	B	R	U	D	E	R

2. Verbinde die Streitfälle mit der richtigen Lösung.

Streit 1:

Streit 2:

Streit 3:

Lass das Mädchen in Ruhe!

Wir brauchen einen Streitschlichter.

19 Uhr!

Ich und andere

1.

Der Lehrer gibt Hausaufgaben auf.	✗	
Laura macht die Hausaufgaben.		✗
Laura trifft (→ treffen) eine Freundin.		✗
Laura muss um 18 Uhr zu Hause sein.	✗	

2. b)

① 

Klasse

② 

Freunde

ICH

③ 

Familie

④

Verein

1.

M	**U**	**T**	**T**	**E**	**R**	A	A	G	Z	U	H	**P**
L	L	**F**	**E**	**R**	**N**	**S**	**E**	**H**	**E**	**R**	P	**A**
A	D	W	I	I	**P**	L	O	**V**	**A**	**T**	**E**	**R**
S	**P**	**I**	**E**	**L**	**A**	T	J	M	L	L	C	**T**
G	V	B	S	X	**U**	X	R	T	D	F	I	**Y**
N	M	L	R	A	**S**	R	G	B	N	M	R	H
M	**J**	**U**	**N**	**G**	**E**	L	M	F	E	T	S	T
B	**A**	**L**	**L**	K	K	H	**B**	**R**	**U**	**D**	**E**	**R**

2.

Streit 1:

Streit 2:

Streit 3:

Lass das Mädchen in Ruhe!

Wir brauchen einen Streitschlichter.

19 Uhr!

Sucht

Sucht		
anbieten biete an! *to offer sth.*		das Angebot die Angebote *the offer*

Sucht		
(sich) entwickeln entwickele! *to develop*		**die Entwicklung** die Entwicklungen *the development*

Sucht		
		das Jugendschutzgesetz (JuSchG) die Jugendschutzgesetze *the law for the protection of the youth*

Sucht		
rauchen rauch! *to smoke*	rauchig *smoky*	der Raucher die Raucher *the smoker*

Sucht		
		der Stoff die Stoffe *the material*

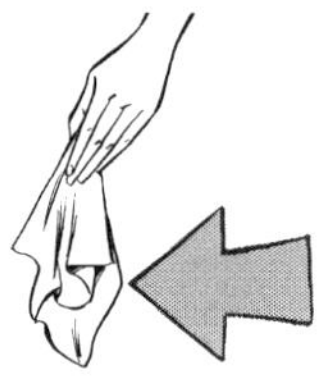

Sucht		
	süchtig *addicted*	**die Sucht** die Süchte *the addiction*

Sucht

1. Schreibe den richtigen Satz unter die Bilder.

Mira raucht zu Hause. – Tom bietet Mira eine Zigarette an (→ anbieten).

1 Woche

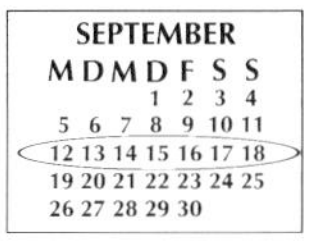

______________________________ ______________________________

______________________________ ______________________________

2. Ordne die Wörter in die Tabelle.

Würfel	Zigarette	Tablette	Alkohol	Cannabis	Computer	Schokolade	Kleidung	Handy

	Stoffgebunden
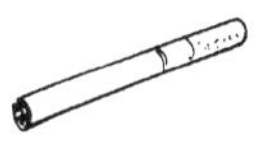	

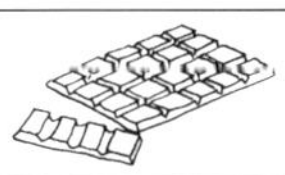	

	Stoffungebunden
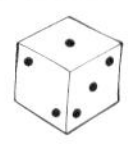	

3. a) Schneide das Puzzle aus (→ ausschneiden).

b) Klebe das Bild richtig in das Kästchen.

c) Kreuze an (→ ankreuzen):

☐ Stoffgebundene Sucht ☐ Stoffungebundene Sucht

Sucht

	Bier §9 JuschG 	Wein §9 JuschG 	Schnaps §9 JuschG 	Zigaretten §10 JuschG 
unter 16 Jahren				
ab 16 Jahren, unter 18 Jahren				
ab 18 Jahren				

1. Kreuze erlaubtes Verhalten an (→ ankreuzen).

☐ Max (16) trinkt Schnaps.

☐ Mira (18) raucht.

☐ Luise (17) trinkt Wein.

2. a) Streiche falsche Wörter im Satz durch (→ durchstreichen).

b) Schreibe die Sätze richtig auf die Linien.

Beispiel: 2015 haben mehr ~~Jungen~~ – Mädchen geraucht.

2015 haben mehr Mädchen geraucht.

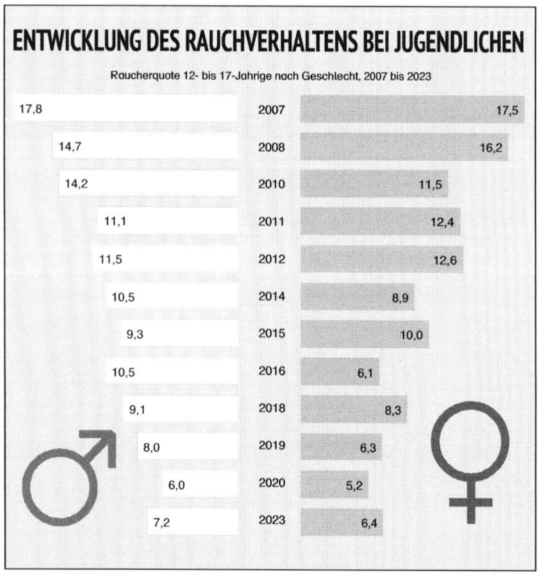

Zahlen nach: BZgA Bundeszentrale für gesundheitliche Aufklärung

- Entwicklung des Rauchverhaltens bei Kindern – Jugendlichen.

  ____

  ____

- 2023 haben mehr Jungen – Mädchen geraucht (→ rauchen).

  ____

  ____

- Von 2007 bis 2023 rauchen mehr (→ viel) – weniger (↓) Jugendliche.

  ____

  ____

Lösung

Sucht

1.

1 Woche

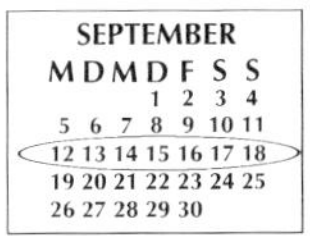

Tom bietet Mira eine Zigarette an.

Mira raucht zu Hause.

2.

	Stoffgebunden
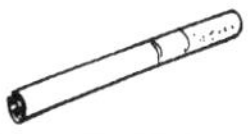	Zigarette
	Tablette
	Alkohol
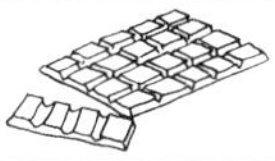	Schokolade
	Cannabis

	Stoffungebunden
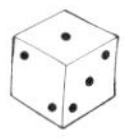	Würfel
	Computer
	Handy
	Kleidung

3. b)

c) ☒ Stoffgebundene Sucht

---

1. ☐ Max (16) trinkt Schnaps.

☒ Mira (18) raucht.

☒ Luise (17) trinkt Wein.

2.
- Entwicklung des Rauchverhaltens bei ~~Kindern~~ – Jugendlichen.
- 2023 haben mehr Jungen – ~~Mädchen~~ geraucht (→ rauchen).
- Von 2007 bis 2023 rauchen ~~mehr~~ (→ viel) – weniger (↓) Jugendliche.

In der Schule

In der Schule		
	pünktlich *to be on time*	

In der Schule		
regeln regele! *to regulate*	regelmäßig *regular*	**die Regel** die Regeln *the rule*

In der Schule		
verhindern verhindere! *to prevent*		

In der Schule		
zuhören höre zu! *to listen*		

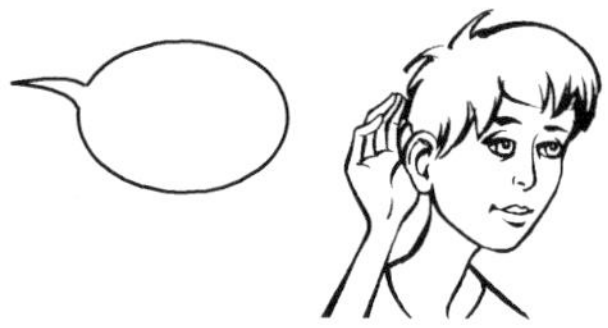

In der Schule

1. a) Lies (→ lesen) den Text:

In der Schule und in der Klasse gibt es Regeln.
An die Regeln muss sich jeder Schüler halten.
Regeln sollen Streit verhindern.

b) Schreibe das richtige Wort unter die Bilder: Schulregeln – Klassenregeln

① 

____

② 

____

2. Male richtiges Verhalten grün an (→ anmalen). Streiche falsches Verhalten durch (→ durchstreichen).

sich melden

zu spät kommen

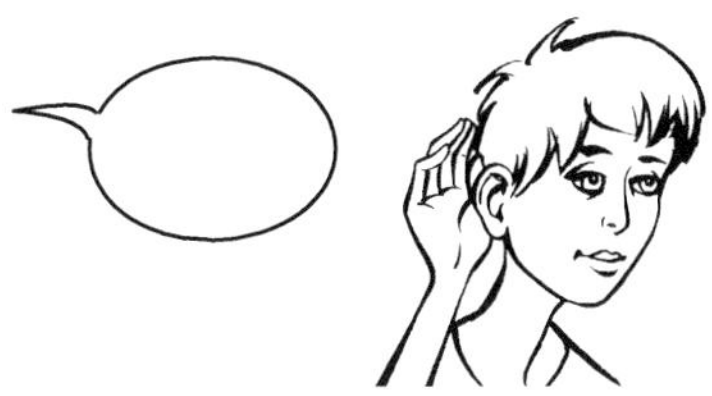
zuhören

reinreden

essen

Respekt

Material hinlegen

Begrüßung

schlafen

In der Schule

1. Lies (→ lesen) den Text:

Regeln sind Pflichten. Man muss sie einhalten. Schüler müssen pünktlich sein, Hausaufgaben machen und dem Lehrer zuhören. In der Schule gibt es auch Rechte. Schüler dürfen lernen, Klassensprecher werden oder Klassensprecher wählen.

2. a) Verbinde die Beispiele mit dem richtigen Bild.

- Hausaufgaben machen
- Klassensprecher wählen
- sich melden
- pünktlich sein
- Klassensprecher werden
- dem Lehrer zuhören
- lernen

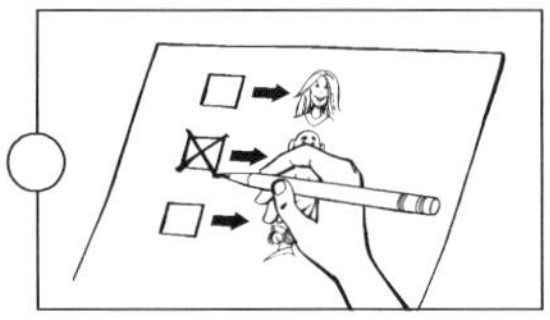

b) Recht oder Pflicht? Ordne die Beispiele in die Tabelle.

Recht: „dürfen“	Pflicht: „müssen“

3. Nenne Rechte und Pflichten zu Hause. Schreibe in dein Heft.

1. b) ①

Schulregeln

②

Klassenregeln

2.

2. a)

- Hausaufgaben machen
- Klassensprecher wählen
- sich melden
- pünktlich sein
- Klassensprecher werden
- dem Lehrer zuhören
- lernen

b)

Recht: „dürfen“	Pflicht: „müssen“
Klassensprecher wählen	Hausaufgaben machen
Klassensprecher werden	sich melden
lernen	pünktlich sein
	dem Lehrer zuhören

3. Beispiele: aufräumen, pünktlich sein, helfen …

Schüler machen Politik

Schüler machen Politik		
leisten leiste! *to achieve*		**die Leistung** die Leistungen *the performance*

Schüler machen Politik		
	problematisch *problematic*	**das Problem** die Probleme *the problem*

Schüler machen Politik		
		der Stellvertreter die Stellvertreter *the representative*

Schüler machen Politik		
wünschen wünsche! *to wish*		**der Wunsch** die Wünsche *the wish*

Schüler machen Politik

1. Mitbestimmung ja oder nein? Kreuze richtig an (→ ankreuzen).

		Ja	Nein
Klassensprecher wählen			
Politiklehrer wählen	 Frau Müller oder Herr Sander?		
Klassenzimmer gestalten	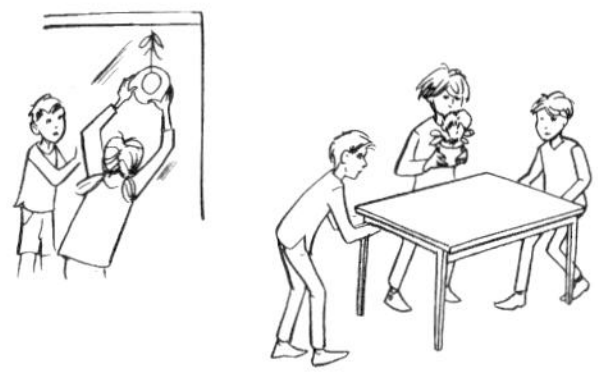		
Auf Klassenfahrt fahren			

2. In der Klasse gibt es einen Klassensprecher. Welche Aufgaben hat ein Klassensprecher? Streiche falsches Verhalten durch (→ durchstreichen).

Streit:

zuschauen

lösen

Wünsche:

begründen

fordern

Leistung:

fleißig

faul

Probleme:

wegschauen

hören

Schüler machen Politik

1. a) Betrachte das Schaubild.

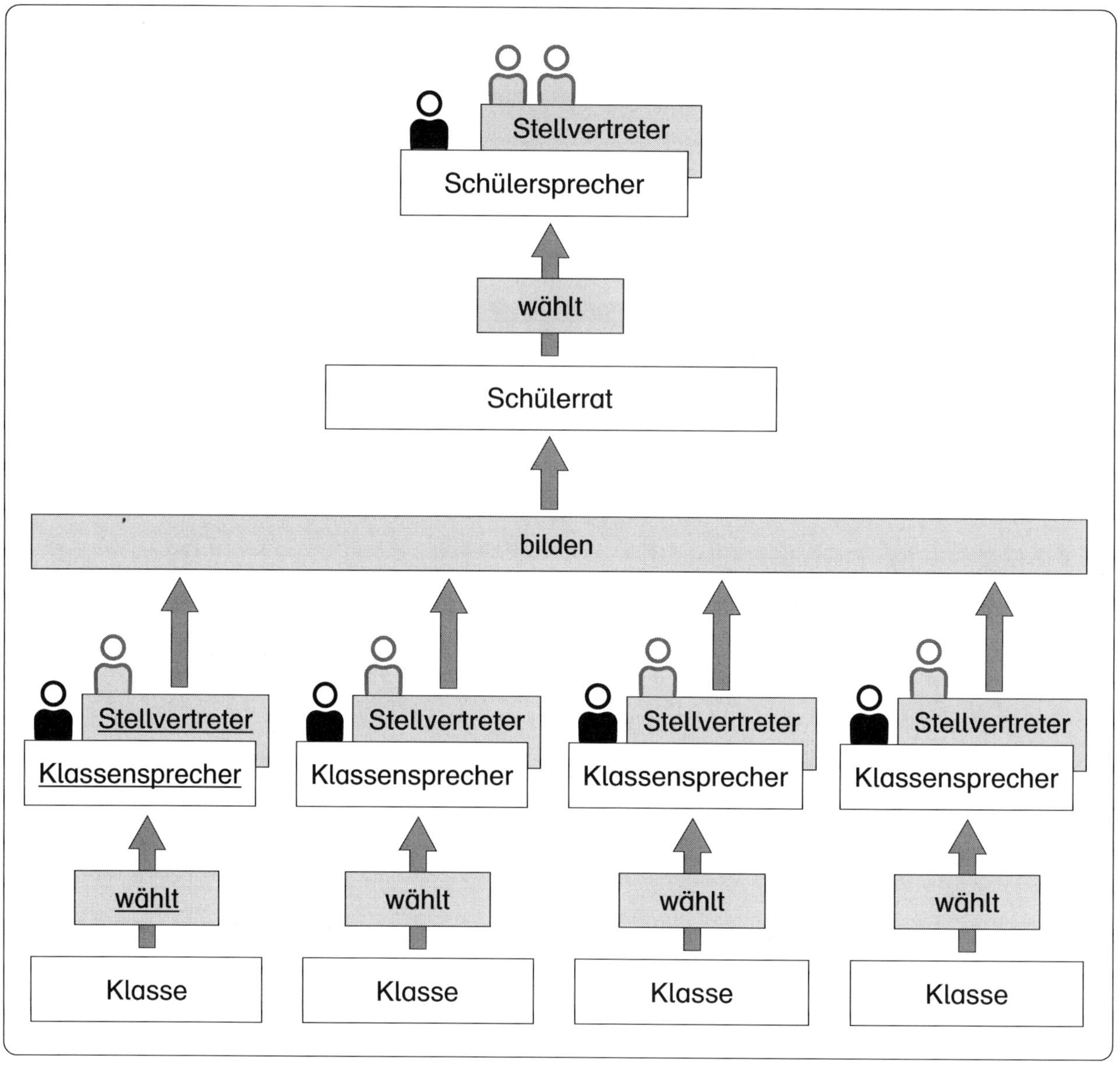

b) Schreibe die richtigen Wörter in die Lücken.

Schulsprecher	Stellvertreter	zwei	Klassensprecher	Schülerrat

- Die Klasse wählt einen ______________________ und einen ____________________.
- Alle Klassensprecher bilden den ____________________________.
- Der Schülerrat wählt einen ______________________ und ______ Stellvertreter.

2. a) Wer ist in deiner Klasse Klassensprecher?

____

b) Wer ist an deiner Schule Schulsprecher?

____

Schüler machen Politik

1.

		Ja	Nein
Klassensprecher wählen		X	
Politiklehrer wählen	 Frau Müller oder Herr Sander?		X
Klassenzimmer gestalten	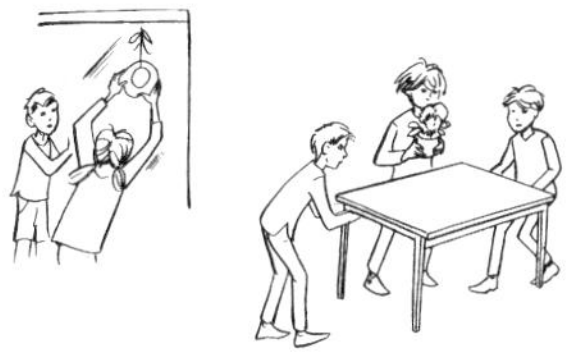	X	
Auf Klassenfahrt fahren		X	

2.

Streit:

zuschauen

lösen

Wünsche:

begründen

fordern

Leistung:

fleißig

faul

Probleme:

wegschauen

hören

---

1. b)
- Die Klasse wählt einen *Klassensprecher* und einen *Stellvertreter*.
- Alle Klassensprecher bilden den *Schülerrat*.
- Der Schülerrat wählt einen *Schulsprecher* und *zwei* Stellvertreter.

Die Bundesrepublik

Die Bundesrepublik

altern altere! *to age*	**alt** *old*	das Alter – *the age*

Die Bundesrepublik

		das Bundesland die Bundesländer *the federal state*

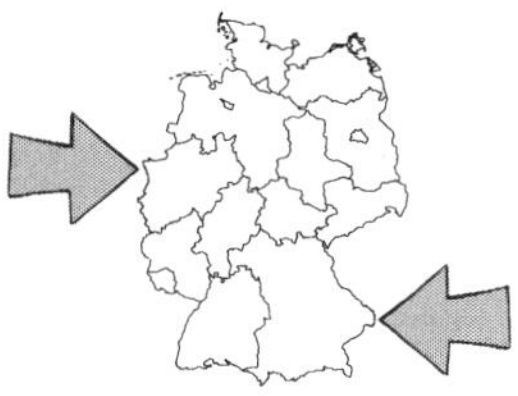

Die Bundesrepublik

		die Hauptstadt die Hauptstädte *the capital*

Die Bundesrepublik

		die Karte die Karten *the map*

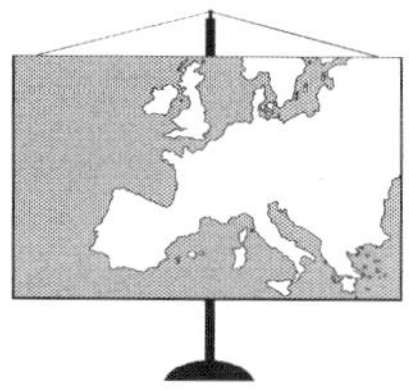

Die Bundesrepublik

	städtisch *urban*	**die Stadt** die Städte *the city*

Die Bundesrepublik

1. a) Auf dem Bild ist die ______________________________.

b) Suche im Atlas die Karte von Deutschland. Schreibe die Bundesländer oder Landeshauptstädte in die Kästchen.

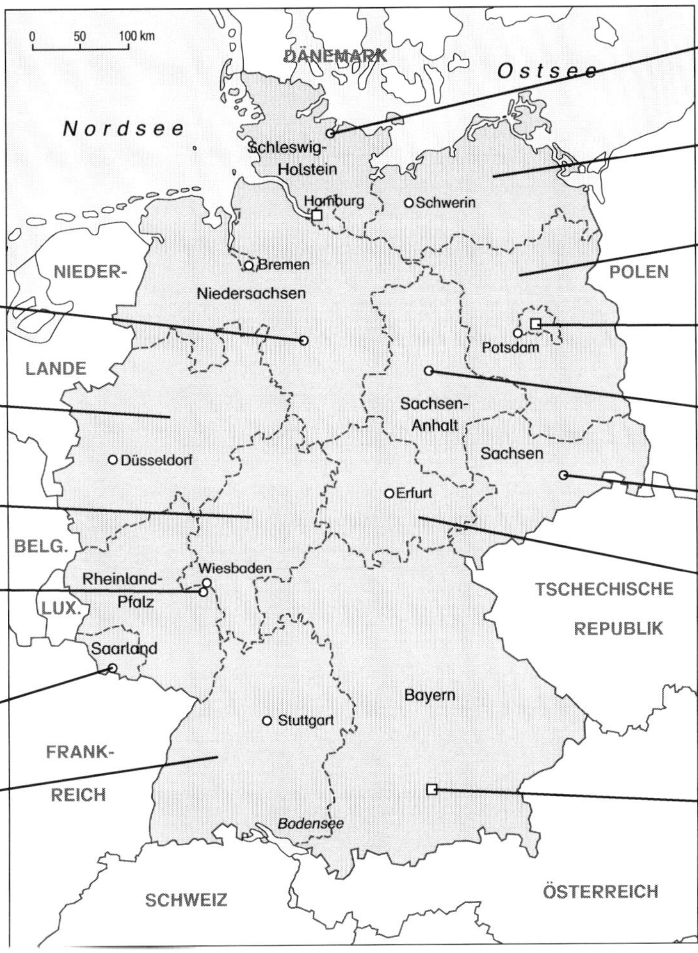

2. Ein Staat – viele Bundesländer. Verbinde die Wörter mit den richtigen Bildern.

Wiesbaden	Bundesrepublik
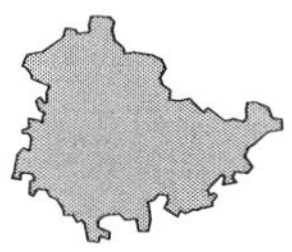	Landeshauptstadt
Berlin	Bundesland
	Bundeshauptstadt

3. In welchem Bundesland lebst du? – Ich lebe in ______________________________.

1. Verbinde die Wörter mit den richtigen Bildern.

Feuerwehr | Museum | Standesamt | Stadtbibliothek | Spielplatz | Müllabfuhr

2. a) Wie heißt der Bürgermeister deiner Stadt?

____

b) Suche drei Aufgaben eines Bürgermeisters. Schreibe sie auf die Linien.

- Vorsitzender des Stadtrats
- Lehrer überprüfen
- Vorbereitung und Umsetzung von Beschlüssen
- Gesetzlicher Vertreter der Gemeinde
- Wahlen durchführen
- Alten und Familien helfen

____

____

____

Die Bundesrepublik

1. a) Auf dem Bild ist die Bundesrepublik Deutschland.

b)

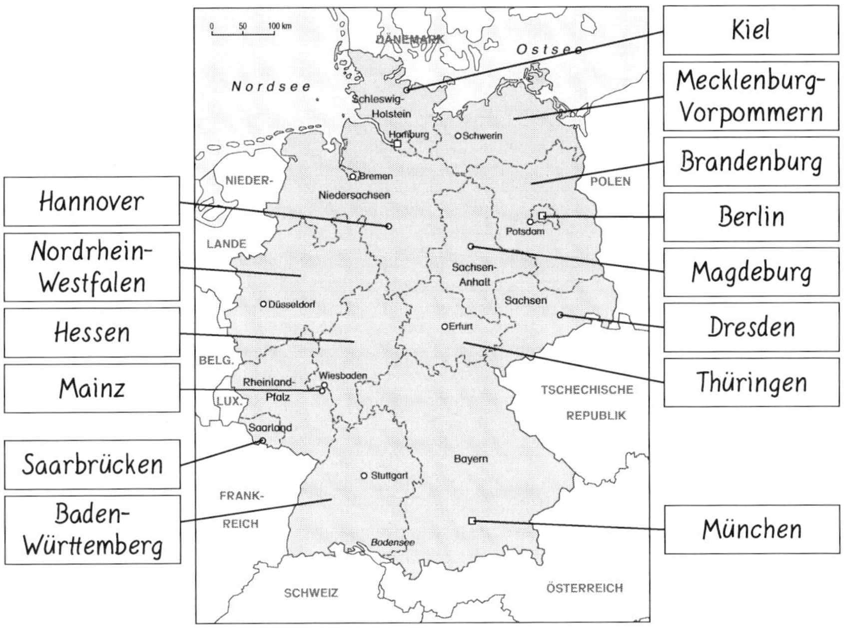

2.

- Wiesbaden — Landeshauptstadt
- 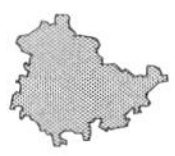 — Bundesland
- Berlin — Bundeshauptstadt
-  — Bundesrepublik

---

1.

Feuerwehr | Museum | Standesamt | Stadtbibliothek | Spielplatz | Müllabfuhr

2. b) Vorsitzender des Stadtrats
Vorbereitung und Umsetzung von Beschlüssen
Gesetzlicher Vertreter der Gemeinde

Demokratie

Demokratie		
herrschen herrsche! *to reign*	herrschaftlich *grand*	**die Herrschaft** die Herrschaften *the reign*

Demokratie		
	ländlich *rural*	**das Land** die Länder *the country*

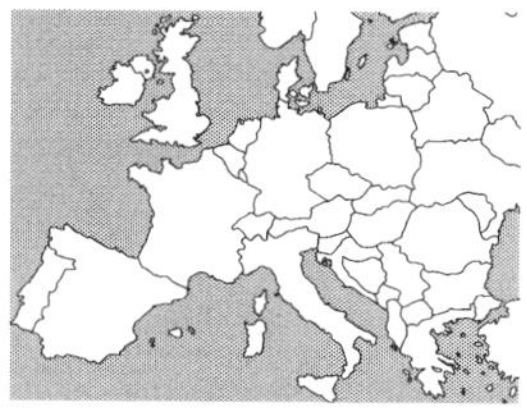

Demokratie

1. Kreuze das richtige Bild an (→ ankreuzen): Demokratie = Herrschaft des Volkes.

☐ 

☐ 

2. Suche in dem Rätsel diese 8 Wörter und markiere sie.

Volk – Wahl – Abgeordnete – Parlament – Gesetz – Kanzlerin – Partei – Bürger

V	O	L	K	U	P	A	R	L	A	M	E	N	T
K	L	S	A	A	E	R	E	U	U	I	N	N	M
Z	D	C	N	I	I	W	A	H	L	C	O	P	L
B	N	A	Z	T	K	L	K	V	K	L	T	B	O
P	X	Q	L	S	D	X	M	G	L	R	R	Ü	N
A	B	G	E	O	R	D	N	E	T	E	M	R	N
R	D	F	R	D	H	H	J	S	E	R	T	G	L
T	X	F	I	S	R	N	M	E	A	R	M	E	L
E	A	R	N	M	M	X	C	T	L	T	T	R	M
I	R	G	G	N	D	L	Z	Z	L	D	U	H	I

3. a) Schneide das Puzzle aus (→ ausschneiden). Verbinde die Puzzleteile zu den bekanntesten Parteien Deutschlands.

Sozialdemokratische Partei Deutschlands

Christlich Demokratische Union Deutschlands

Alternative für Deutschland

Freie Demokratische Partei

DIE LINKE

BÜNDNIS 90/DIE GRÜNEN

DIE LINKE (rot)

FDP (gelb)

SPD (rot)

CDU (schwarz)

GRÜNE (grün)

AfD (blau)

b) Male die Kästchen in der richtigen Farbe an (→ anmalen).

Demokratie

1. a) Suche elf Wörter zum Thema Demokratie. Markiere sie.

BUNDESTAGOWLANDTAGFGBUNDESVERSAMMLUNGZBUNDESREGIERUNGVS
HMINISTERPRÄSIDENTACWÄHLERDIULANDESREGIERUNGDKBUNDESRATF
BUNDESKANZLERINJFKALANWÄHLERCHAMSGBMSNLANDESMINISTERITHXY

b) Bund oder Land? Fülle die Tabelle mit den Wörtern von oben (↑).

Bund	Land

2. a) Betrachte das Schaubild.

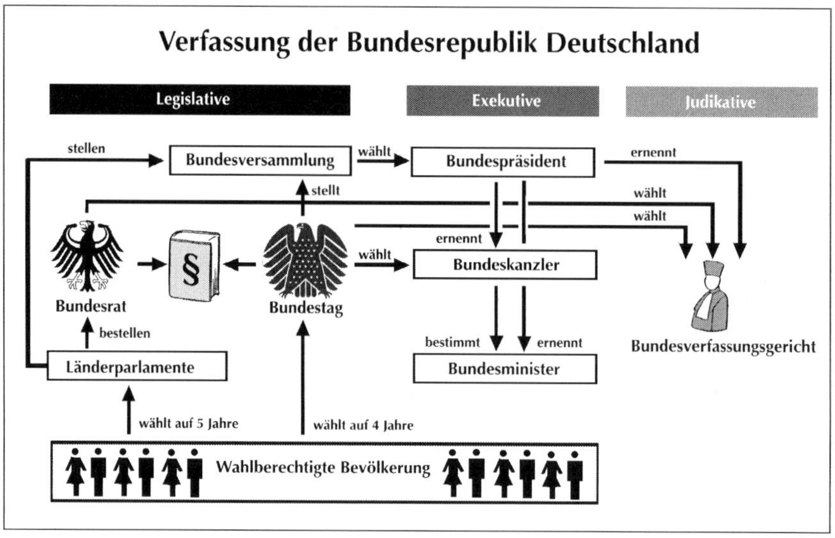

b) Verbinde die Satzteile.

Die Bundesversammlung	wird aus dem Bundeskanzler und den Bundesministern gebildet.
Der Bundestag und die Länderparlamente	stellen die Bundesversammlung.
Die Bundesregierung	wählt den Bundespräsidenten.
Wähler (Bund)	besteht aus Mitgliedern der 16 Landesregierungen.
Der Bundesrat	wählen den Bundestag.

c) Schreibe die Sätze in dein Heft.

Demokratie

1. ☒

2.

V	**O**	**L**	**K**	U	**P**	**A**	**R**	**L**	**A**	**M**	**E**	**N**	**T**
K	L	S	**A**	A	E	R	E	U	U	I	N	N	M
Z	D	C	**N**	I	I	**W**	**A**	**H**	**L**	C	O	P	L
B	N	A	**Z**	T	K	L	K	V	K	L	T	**B**	O
P	X	Q	**L**	S	D	X	M	**G**	L	R	R	**Ü**	N
A	**B**	**G**	**E**	**O**	**R**	**D**	**N**	**E**	**T**	**E**	M	**R**	N
R	D	F	**R**	D	H	H	J	**S**	E	R	T	**G**	L
T	X	F	**I**	S	R	N	M	**E**	A	R	M	**E**	L
E	A	R	**N**	M	M	X	C	**T**	L	T	T	**R**	M
I	R	G	G	N	D	L	Z	**Z**	L	D	U	H	I

3. a)

Sozialdemokratische Partei Deutschlands	SPD (rot)
Christlich Demokratische Union Deutschlands	CDU (schwarz)
Alternative für Deutschland	AfD (blau)
Freie Demokratische Partei	FDP (gelb)
DIE LINKE	DIE LINKE (rot)
BÜNDNIS 90/DIE GRÜNEN	GRÜNE (grün)

---

1. a) BUNDESTAGOWLANDTAGFGBUNDESVERSAMMLUNGZBUNDESREGIERUNGVS
HMINISTERPRÄSIDENTACWÄHLERDIULANDESREGIERUNGDKBUNDESRATF
BUNDESKANZLERINJFKALANWÄHLERCHAMSGBMSNLANDESMINISTERITHXY

b)

Bund	Land
Bundestag	Landtag
Bundesversammlung	Ministerpräsident
Bundesregierung	Wähler
Bundesrat	Landesregierung
Bundeskanzlerin	Landesminister
Wähler	

2. b)

Die Bundesversammlung	wählt den Bundespräsidenten.
Der Bundestag und die Länderparlamente	stellen die Bundesversammlung.
Die Bundesregierung	wird aus dem Bundeskanzler und den Bundesministern gebildet.
Wähler (Bund)	wählen den Bundestag.
Der Bundesrat	besteht aus Mitgliedern der 16 Landesregierungen.

Medien

Medien		
		– **die Medien** *the media*

Medien		
		– **die Neuen Medien** *the new media*

Medien		
		das Printmedium die Printmedien *the print media*

Medien		
		der Rundfunk – *the radio broadcasting*

Medien		
		die Stunde die Stunden *the hour*

60 Minuten (min)
= 1 Stunde (h)

1. Schreibe die Wörter richtig in die Lücken.

liest (→ lesen) – sieht (→ sehen) – Artikel – Beitrag – Zeitung – Fernseher – Computer – liest – Artikel

a) 

b) 

c) 

a) Der Mann ________________ einen __________ in der ________________.

b) Die Frau __________ sich einen ________________ im ________________ an.

c) Der Junge __________ einen ________________ am ________________.

2. a) Ordne die Beispiele in die Tabelle.

b) Wie viele Stunden nutzt du diese Medien täglich?

Radio	Computer	Zeitung	Buch	Zeitschrift	Laptop	Handy	Fernseher

	Medien	Nutzung (Stunden)

Printmedien		

Rundfunk		

Neue Medien		

Medien

1. Suche im Rätsel fünf Wörter über die Aufgaben der Medien. Markiere sie.

Kontrolle – Kritik – Unterhaltung – Information – Meinungsbildung

F	U	N	T	E	R	H	A	L	T	U	N	G	F	G
L	A	K	O	N	T	R	O	L	L	E	Z	N	P	L
S	D	R	R	L	T	Y	X	V	V	D	N	E	E	T
G	V	I	N	F	O	R	M	A	T	I	O	N	S	A
S	J	T	L	L	B	I	R	U	U	B	S	R	L	Y
M	E	I	N	U	N	G	S	B	I	L	D	U	N	G
W	G	K	L	E	E	A	H	J	O	I	T	E	R	N

2. Beschrifte die Bilder mit den Wörtern von Aufgabe **1**.

① ______________ + ______________

② ______________________________

③ ______________________________

④ ______________________________

1.

F	**U**	**N**	**T**	**E**	**R**	**H**	**A**	**L**	**T**	**U**	**N**	**G**	F	G
L	A	**K**	**O**	**N**	**T**	**R**	**O**	**L**	**L**	**E**	Z	N	P	L
S	D	**R**	R	L	T	Y	X	V	V	D	N	E	E	T
G	V	**I**	**N**	**F**	**O**	**R**	**M**	**A**	**T**	**I**	**O**	**N**	S	A
S	J	**T**	L	L	B	I	R	U	U	B	S	R	L	Y
M	**E**	**I**	**N**	**U**	**N**	**G**	**S**	**B**	**I**	**L**	**D**	**U**	**N**	**G**
W	G	**K**	L	E	E	A	H	J	O	I	T	E	R	N

2.

① *Kontrolle + Kritik*

② *Unterhaltung*

③ *Information*

④ *Meinungsbildung*

1. a) Der Mann *liest* einen *Artikel* in der *Zeitung*.
b) Die Frau *sieht* sich einen *Beitrag* im *Fernseher* an.
c) Der Junge *liest* einen *Artikel* am *Computer*.

2. a)

	Medien	Nutzung (Stunden)
Printmedien	*Zeitung*	
	Zeitschrift	
	Buch	
Rundfunk	*Radio*	
	Fernseher	
Neue Medien	*Handy*	
	Computer	
	Laptop	

Jugend und Recht

Jugend und Recht		
urteilen urteile! *to judge*	**verurteilt** *sentenced*	das Urteil die Urteile *the verdict*

Jugend und Recht

1. a) Schneide das Puzzle aus (→ ausschneiden).

b) Klebe das Puzzle richtig in dein Heft.

2. a) Suche in dem Bild die Personen. Schreibe das richtige Wort in die Lücken.

Richter 	Anwalt 	Opfer 	Angeklagter 

b) Male das Bild an (→ anmalen).

Jugend und Recht

1. Streiche die falschen Wörter im Satz durch (→ durchstreichen). Schreibe den Satz richtig auf die Linien.

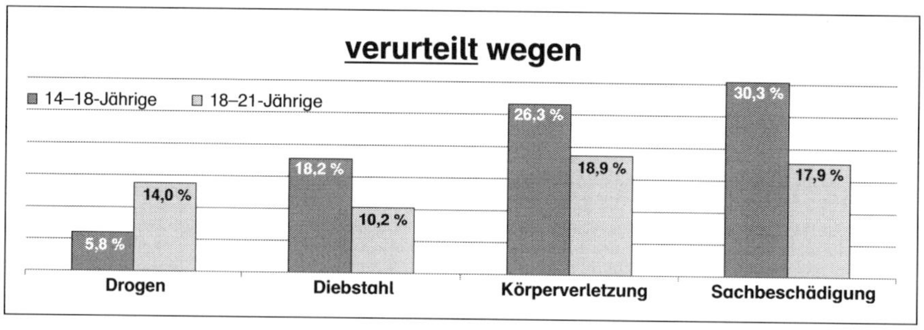

Die meisten (→ viel) – wenigsten 14–18-Jährigen werden wegen Sachbeschädigung verurteilt.

____

____

Die meisten – wenigsten 18–21-Jährigen werden wegen Diebstahls verurteilt.

____

____

2. a) Suche in dem Bild die Personen. Schreibe das richtige Wort in die Lücken.

Richter	Staatsanwalt	Zeugin	Anwalt	Opfer	Schöffen	Angeklagter

b) Male das Bild an (→ anmalen).

Jugend und Recht

1. b)

18 Jahre

13 Jahre

18 Jahre

14 Jahre

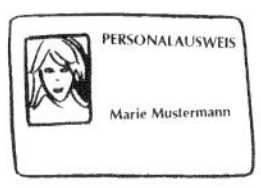

16 Jahre

17/18 Jahre

2.

---

1. Die meisten (→ viel) – ~~wenigsten~~ 14–18-Jährigen werden wegen Sachbeschädigung verurteilt.

Die ~~meisten~~ – wenigsten 18–21-Jährigen werden wegen Diebstahls verurteilt.

2.

Der Rechtsstaat

Der Rechtsstaat

		der Rechtsstaat die Rechtsstaaten *the constitutional state*

Der Rechtsstaat

	unrecht *unethical*	**das Unrecht** – *the injustice*

Der Rechtsstaat

verändern verändere! *to change*	**verändert** *changed*	die Veränderung die Veränderungen *the change*

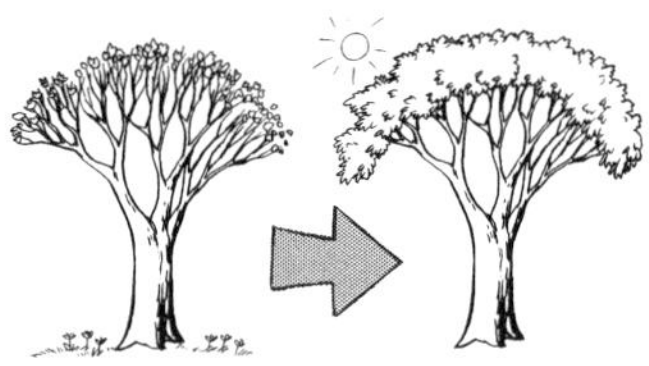

Der Rechtsstaat

		die Verfassung die Verfassungen *the constitution*

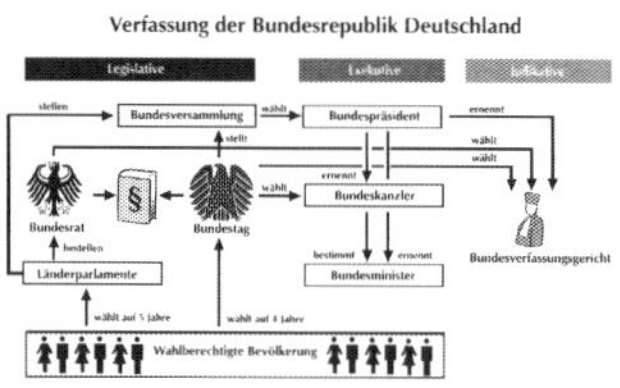

Der Rechtsstaat

wägen wäge! *to weigh*		**die Waage** die Waagen *the scales*

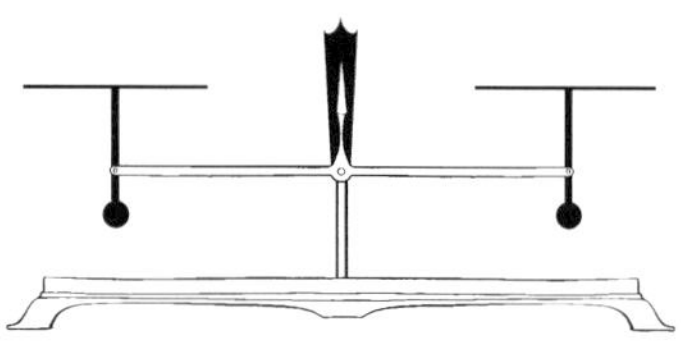

Der Rechtsstaat

1. a) Lies (→ lesen) den Text:

Deutschland ist ein Rechtsstaat. Seit 1949 gibt es eine Verfassung. Die Verfassung heißt Grundgesetz. Sehr wichtig sind die Grundrechte. Die Grundrechte (Artikel 1–19) dürfen nicht verändert werden. Der Staat und die Menschen müssen sich an die Gesetze halten.

b) Fülle die Lücken mit diesen Wörtern.

verändert – 1949 – Rechtsstaat – Grundgesetz

- Deutschland ist ein ______________________.
- Die Verfassung heißt ______________________.
- Die Verfassung gibt es seit __________.
- Die Grundrechte dürfen nicht ______________________ werden.

2. Suche im Grundgesetz die Grundrechte.

a) Male die Grundrechte grün an (→ anmalen).

b) Schreibe den richtigen Artikel in die Lücken.

Gleichheit vor dem Gesetz Artikel 3	Parteien Artikel ______	Freiheit der Meinung Artikel ______
Berufsfreiheit Artikel ______	Versammlungsfreiheit Artikel ______	Wahl des Bundeskanzlers Artikel ______
Friedenssicherung Artikel ______	Glaubensfreiheit Artikel ______	Asylrecht Artikel ______

3. a) Hier siehst (→ sehen) du ein Bild von Justitia, der Göttin des Rechts. Kreuze richtige Sätze an (→ ankreuzen).

- ☐ In der linken Hand hält Justitia eine Waage.
- ☐ Um ihre Augen hat Justitia eine Binde und kann nicht sehen.
- ☐ Justitia ist ein Mann.

b) Schreibe die falschen Sätze richtig auf.

____

____

____

Der Rechtsstaat

1. Schreibe die Wörter richtig in die Lücken.

Rechtsstaat	Gesetze	Gericht

	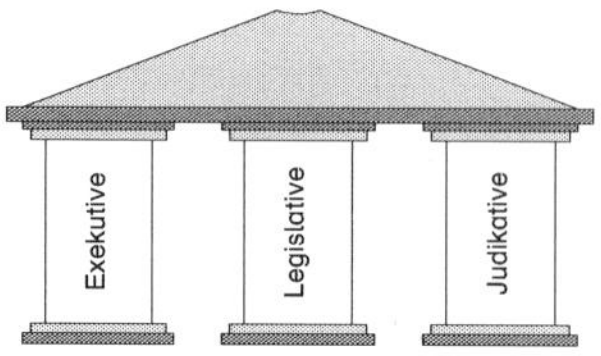	
Rechtsgleichheit	Gewaltenteilung	Richter

Deutschland ist ein ____________________. _______________ muss jeder Bürger einhalten. Bürger können vor ______________ ihr Recht fordern. Ein ______________ entscheidet über Recht und Unrecht. Wird ein Gesetz nicht gehalten, kann jeder Bürger zum Gericht gehen (Rechtsweggarantie). In Deutschland ist jeder Mensch vor dem Gesetz gleich (____________________________________). Damit keiner zu viel Macht hat, gibt es die ________________________________. Die Gewalten sind die Legislative (Gesetz), Judikative (Gericht) und die Exekutive (Einhaltung). Wichtig ist: Die Gerichte sind unabhängig.

2. a) Die drei Gewalten in einem Rechtsstaat sind:

Eeeiktuvx	aeegiiLlstv	adeiiJktuv
____________________	____________________	____________________

b) Schreibe die drei Gewalten in die Säulen.

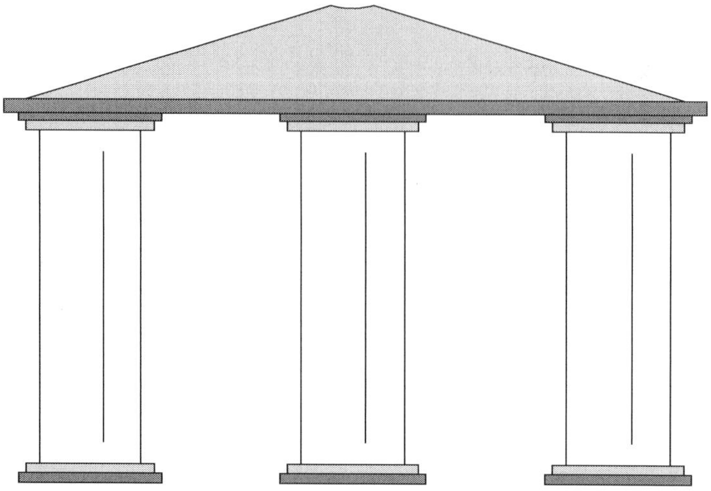

Der Rechtsstaat

1. b)
- Deutschland ist ein *Rechtsstaat*.
- Die Verfassung heißt *Grundgesetz*.
- Die Verfassung gibt es seit *1949*.
- Die Grundrechte dürfen nicht *verändert* werden.

2. a)/b)

Gleichheit vor dem Gesetz Artikel *3*	Parteien Artikel *21*	Freiheit der Meinung Artikel *5*
Berufsfreiheit Artikel *12*	Versammlungsfreiheit Artikel *8*	Wahl des Bundeskanzlers Artikel *63*
Friedenssicherung Artikel *26*	Glaubensfreiheit Artikel *4*	Asylrecht Artikel *16a*

3. a) [X] In der linken Hand hält Justitia eine Waage.

[X] Um ihre Augen hat Justitia eine Binde und kann nicht sehen.

b) *Justitia ist eine Frau.*

1. a) Deutschland ist ein *Rechtsstaat*. *Gesetze* muss jeder Bürger einhalten. Bürger können vor *Gericht* ihr Recht fordern. Ein *Richter* entscheidet über Recht und Unrecht. Wird ein Gesetz nicht gehalten, kann jeder Bürger zum Gericht gehen (Rechtsweggarantie). In Deutschland ist jeder Mensch vor dem Gesetz gleich (*Rechtsgleichheit*). Damit keiner zu viel Macht hat, gibt es die *Gewaltenteilung*. Die Gewalten sind die Legislative (Gesetz), Judikative (Gericht) und die Exekutive (Einhaltung). Wichtig ist: Die Gerichte sind unabhängig.

2. a)

Eeeiktuvx	aeegiiLlstv	adeiiJktuv
Exekutive	*Legislative*	*Judikative*

b)

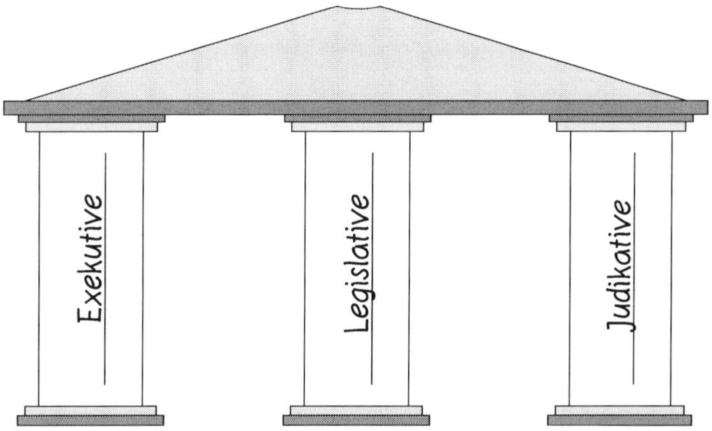

Kinderrechte

Kinderrechte		
		der Analphabet die Analphabeten *the illiterate*

Kinderrechte		
		die Kinderarbeit – *the child labour*

Kinderrechte		
	weltweit *global*	**die Welt** die Welten *the world*

Kinderrechte

1. a) Suche 6 Rechte von Kindern. Markiere sie.

Gesundheit – Freie Meinung – Bildung – Information – Gleichheit – Schutz

A	G	E	S	U	N	D	H	E	I	T	J	I
B	D	U	L	B	K	E	L	I	L	B	A	T
I	H	I	N	F	O	R	M	A	T	I	O	N
L	R	R	X	T	O	O	P	E	K	L	E	X
D	U	R	G	L	E	I	C	H	H	E	I	T
U	T	T	E	A	G	H	M	O	U	R	K	L
N	P	A	R	T	S	C	H	U	T	Z	H	O
G	F	R	E	I	E	M	E	I	N	U	N	G

b) Schreibe die Rechte auf die Linien.

2. Ordne den Bildern das richtige Recht aus Aufgabe **1** zu (→ zuordnen).

Kinderrechte

1. a) Suche sechs Rechte von Kindern. Markiere sie.

Gesundheit – Freie Meinung – Bildung – Information – Gleichheit – Schutz

A	G	E	S	U	N	D	H	E	I	T	J	I
B	D	U	L	B	K	E	L	I	L	B	A	T
I	H	I	N	F	O	R	M	A	T	I	O	N
L	R	R	X	T	O	O	P	E	K	L	E	X
D	U	R	G	L	E	I	C	H	H	E	I	T
U	T	T	E	A	G	H	M	O	U	R	K	L
N	P	A	R	T	S	C	H	U	T	Z	H	O
G	F	R	E	I	E	M	E	I	N	U	N	G

b) Schreibe die Rechte auf die Linien. Ordne nach dem Alphabet.

2. a) Lies (→ lesen) den Text:

Weltweit müssen Millionen Kinder arbeiten. Ihre Familien haben kein Geld. Kinder, die arbeiten, können nicht in der Schule lernen.

b) Beantworte die zwei Fragen.

- Warum müssen Kinder arbeiten? Erkläre.

- Welche Folge hat diese Kinderarbeit? Erkläre.

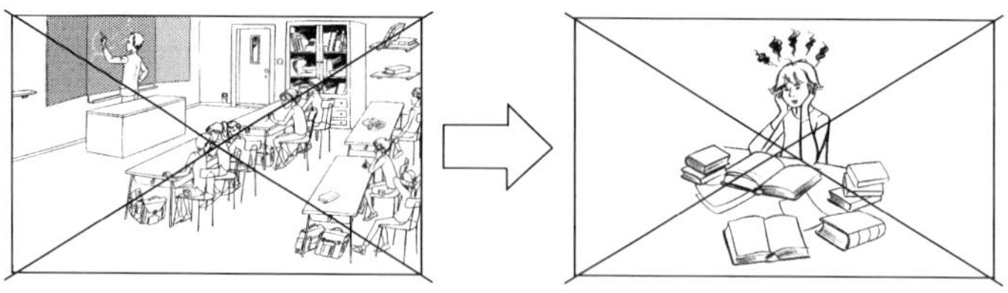

3. a) Suche im Atlas den Kontinent mit

- den meisten (→ viel) arbeitenden Kindern:
- den meisten Analphabeten:

b) Gibt es eine Erklärung dafür? Schreibe die Erklärung in dein Heft.

Kinderrechte

1. a)

A	G	E	S	U	N	D	H	E	I	T	J	I
B	D	U	L	B	K	E	L	I	L	B	A	T
I	H	I	N	F	O	R	M	A	T	I	O	N
L	R	R	X	T	O	O	P	E	K	L	E	X
D	U	R	G	L	E	I	C	H	H	E	I	T
U	T	T	E	A	G	H	M	O	U	R	K	L
N	P	A	R	T	S	C	H	U	T	Z	H	O
G	F	R	E	I	E	M	E	I	N	U	N	G

b) Bildung – Freie Meinung – Gesundheit – Gleichheit – Information – Schutz

2.

Information

Bildung

Gleichheit

Freie Meinung

---

1. Lösung, siehe oben (↑), Aufgabe **1**.

2. b)
- Die Kinder müssen arbeiten, weil ihre Familie kein Geld hat.
- Die Kinder können nicht in die Schule gehen. Sie können nicht lernen.

3. a)
- Afrika
- Afrika

b) Der Kontinent mit der meisten (→ viel) Kinderarbeit und den meisten Analphabeten ist Afrika. In Afrika können wenige Kinder zur Schule gehen, da ihre Familien kein Geld haben. Dann können die Kinder nicht lesen und schreiben lernen.

Bedürfnis oder Gut?

Bedürfnis oder Gut?		
		das Bedürfnis die Bedürfnisse *the need*

Bedürfnis oder Gut?		
		das Gut die Güter *the good*

Bedürfnis oder Gut?		
hungern hungere! *to starve*		**der Hunger** – *the hunger*

Bedürfnis oder Gut?		
	luxuriös *luxurious*	**der Luxus** – *the luxury*

Bedürfnis oder Gut?		
wohnen wohne! to live		**die Wohnung** die Wohnungen *the flat*

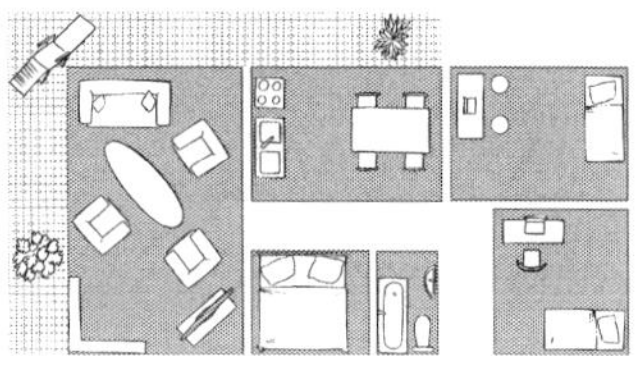

Bedürfnis oder Gut?

1. a) Suche 9 Wörter und schreibe sie auf die Linie.

-board -de -dung -dy Es- Fa- Freun- Ge- Han- -heit Klei- -lie -mi- -nung -sen -ser Skate- -sund- Was- Woh-

____

____

b) Was ist für dich notwendig, wichtig oder Luxus? Ordne die Wörter von oben (↑) in das Schaubild.

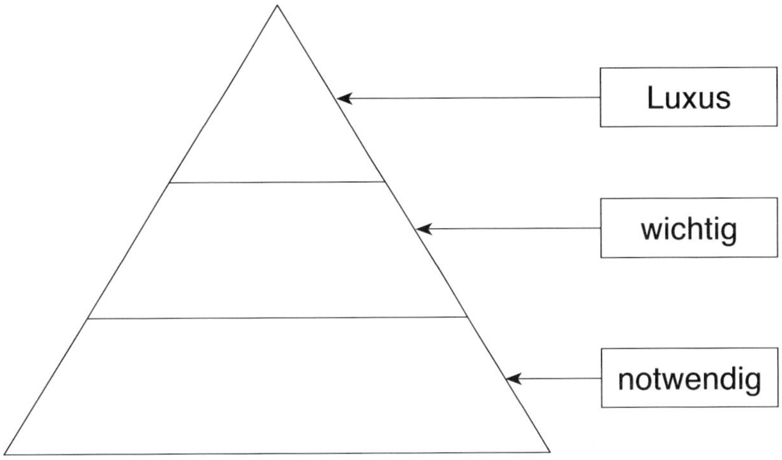

2. a) Lies (→ lesen) den Text:

Zum Leben braucht der Mensch Essen, Kleidung und eine Wohnung. Das sind Grundbedürfnisse. Bildung und Reisen sind Kulturgüter. Ein teures Essen im Restaurant ist Nahrung, aber ein Luxusgut.

b) Verbinde die Wörter mit den richtigen Bildern.

- Grundbedürfnis
- Kulturgut
- Luxusgut
- Grundbedürfnis
- Kulturgut

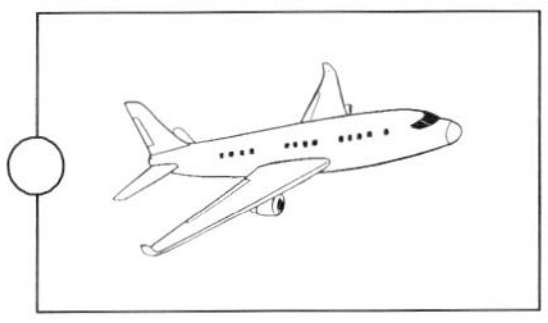

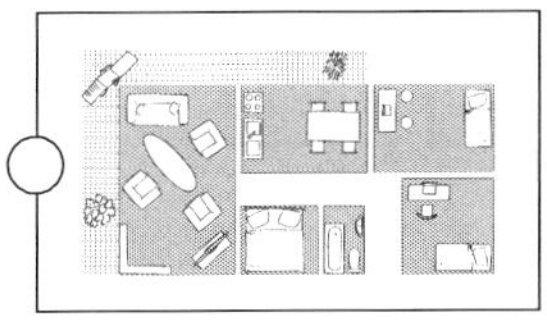

Bedürfnis oder Gut?

1. a) Lies (→ lesen) den Text:

Menschen haben Bedürfnisse wie Hunger. Um keinen Hunger mehr zu haben, brauchen wir Essen wie Brot. Brot ist ein Gut, weil es gegen ein Bedürfnis hilft (→ helfen).

b) Bedürfnis oder Gut? Beschrifte richtig.

= ______________________

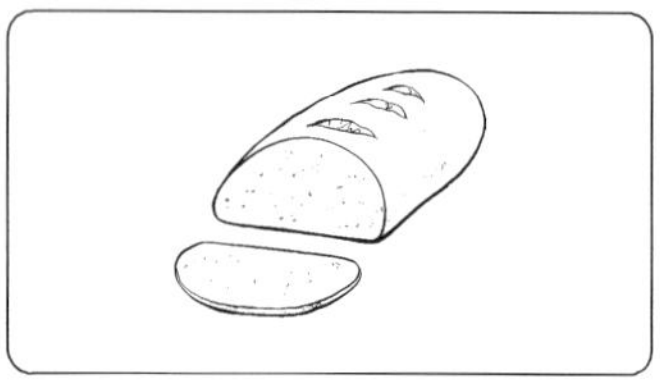

= ______________________

Das Bedürfnis ist befriedigt.

2. a) Betrachte das Schaubild.

Güter

Freie Güter 

Wirtschaftsgüter 

Sachgüter 

Dienstleistungen

Konsumgüter 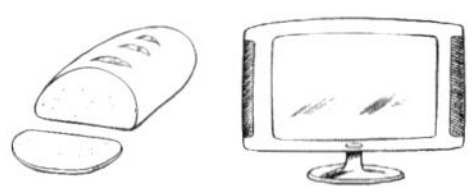

Produktionsgüter 

b) Fülle die Lücken mit diesen Wörtern aus.

Dienstleistungen – Güter – Sachgüter – Mensch – Konsumgüter – freien

Der Mensch braucht zum Leben ______________. Die Sonne zählt zu den ______________ Gütern. Wirtschaftsgüter muss der ______________ herstellen. Das sind die ______________ und die ______________. Alles, was der Mensch kaufen kann, sind ______________.

c) Schreibe den Text in dein Heft.

Bedürfnis oder Gut?

1. a) Wasser, Essen, Familie, Skateboard, Handy, Freunde, Wohnung, Kleidung, Gesundheit

2. b)

Grundbedürfnis	
Kulturgut	
Luxusgut	
Grundbedürfnis	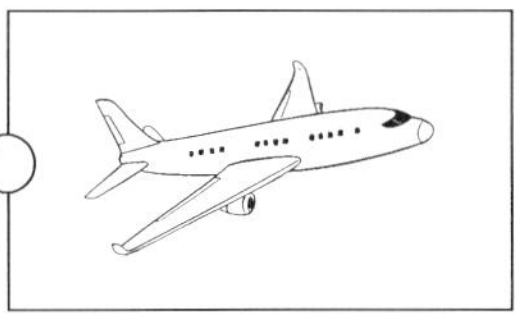
Kulturgut	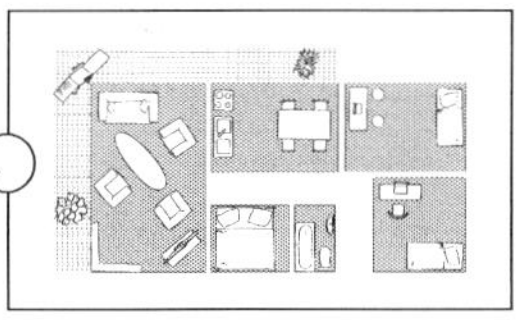

---

1. b)

= Bedürfnis

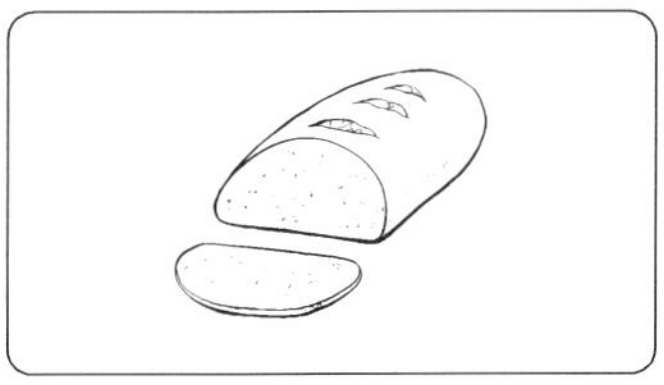

= Gut

2. b) Der Mensch braucht zum Leben Güter. Die Sonne zählt zu den freien Gütern. Wirtschaftsgüter muss der Mensch herstellen. Das sind die Sachgüter und die Dienstleistungen. Alles, was der Mensch kaufen kann, sind Konsumgüter.

Mein Taschengeld

Mein Taschengeld		
		die Freizeit – *the free time*

Mein Taschengeld		
		das Taschengeld die Taschengelder *the pocket money*

Mein ______________________

1. a) Löse das Bilderrätsel. Streiche die falschen Wörter durch (→ durchstreichen).

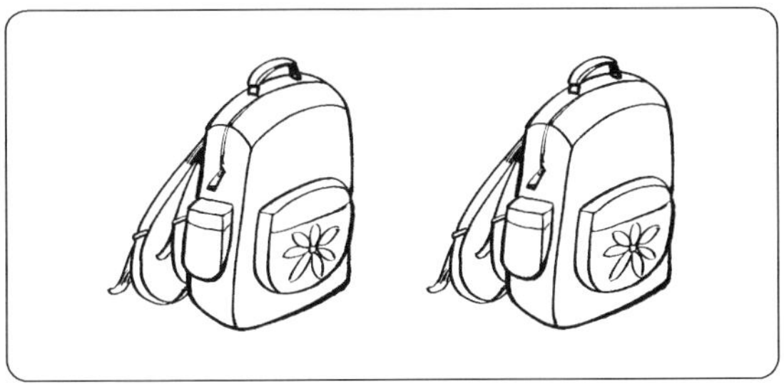

Taschen / Koffer

Steine / Geld

b) Schreibe die beiden richtigen Wörter zusammen auf die Linie oben (↑).

c) Male die Bilder an (→ anmalen).

2. Was kaufst du von deinem Geld? Markiere.

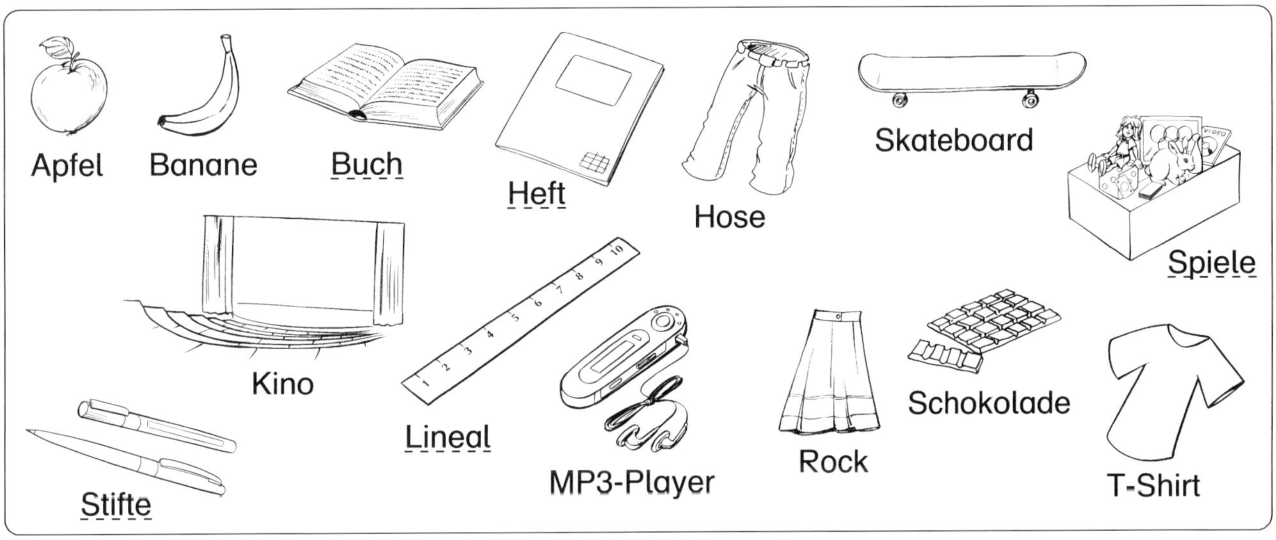

3. Ordne die Bilder von Aufgabe **2** dem Schaubild zu (→ zuordnen).

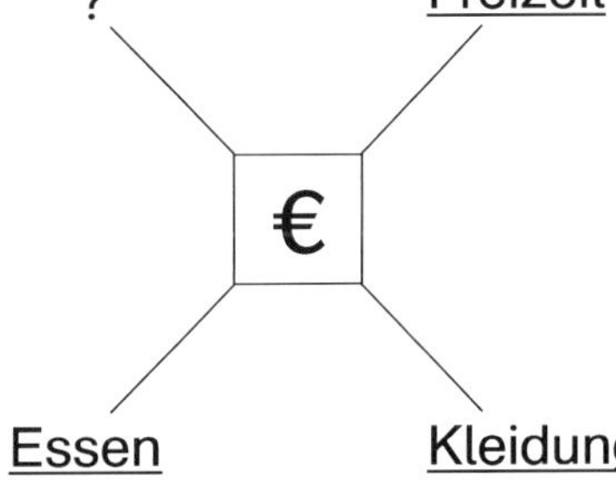

1. a) Löse das Bilderrätsel. Streiche die falschen Wörter durch (→ durchstreichen).

+

Beutel/Taschen/Koffer

Kugeln/Steine/Geld

b) Schreibe die beiden richtigen Wörter zusammen auf die Linie oben (↑).

c) Male die Bilder an (→ anmalen).

2. a) Betrachte die Empfehlung.

Alter/Jahre	Betrag in €
Unter 6 Jahren	1,00–2,00 Euro/Woche
6 bis 7 Jahre	2,00–3,00 Euro/Woche
8 bis 9 Jahre	3,00–4,00 Euro/Woche
10 Jahre	20,00–22,50 Euro/Monat
11 Jahre	22,50–25,00 Euro/Monat
12 Jahre	25,00–27,50 Euro/Monat
13 Jahre	27,50–30,00 Euro/Monat
14 Jahre	30,00–40,00 Euro/Monat
15 Jahre	40,00–50,00 Euro/Monat
16 Jahre	50,00–60,00 Euro/Monat
17 Jahre	60,00–70,00 Euro/Monat
Ab 18 Jahren	70,00–80,00 Euro/Monat

b) Verbinde die Wörter zu vier richtigen Sätzen.

Kinder unter 6 Jahren	sollen 3–4 €	in der Woche bekommen.
Kinder bis 9 Jahre	sollen bis zu 80 €	im Monat bekommen.
Kinder von 13 Jahren	sollen 1–2 €	im Monat bekommen.
Kinder von 18 Jahren	sollen bis zu 30 €	in der Woche bekommen.

Lösung

Mein Taschengeld

1. a) Taschen / ~~Koffer~~   ~~Steine~~ / Geld

b) Taschengeld

3.

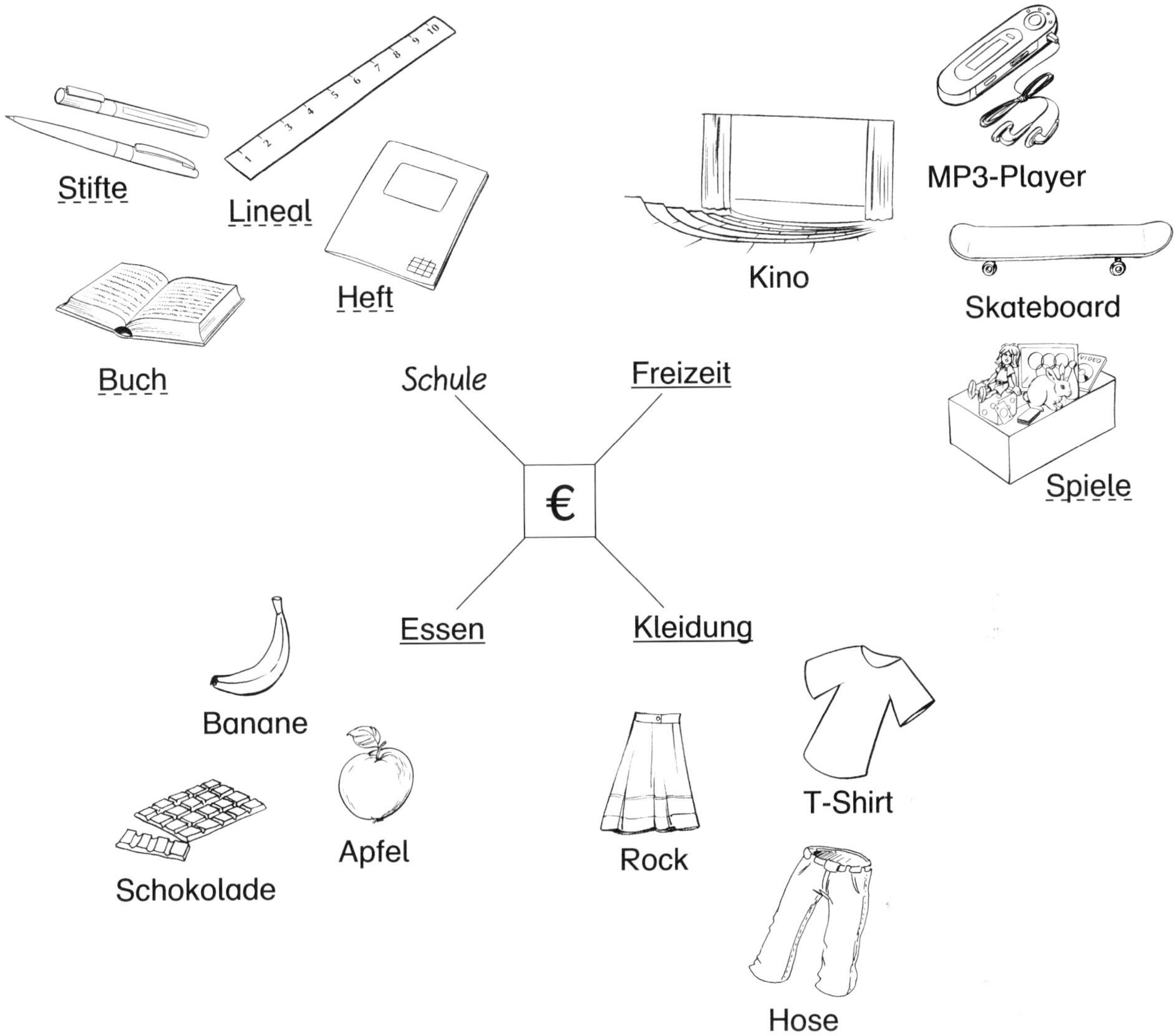

1. a) ~~Beutel~~ / Taschen / ~~Koffer~~   ~~Kugeln~~ / ~~Steine~~ / Geld

b) Taschengeld

2. b)

Kinder unter 6 Jahren	sollen 3–4 €	in der Woche bekommen.
Kinder bis 9 Jahre	sollen bis zu 80 €	im Monat bekommen.
Kinder von 13 Jahren	sollen 1–2 €	im Monat bekommen.
Kinder von 18 Jahren	sollen bis zu 30 €	in der Woche bekommen.

Im Supermarkt

Im Supermarkt		
	günstig *cheap*	

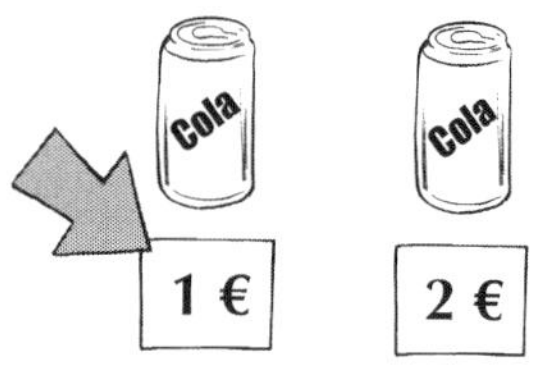

Im Supermarkt		
		der Preis die Preise *the price*

Im Supermarkt		
produzieren produziere! *to produce*		**das Produkt** die Produkte *the product*

Im Supermarkt		
		das Regal die Regale *the shelf*

Im Supermarkt		
		der Supermarkt die Supermärkte *the supermarket*

Im Supermarkt		
	teuer *expensive*	

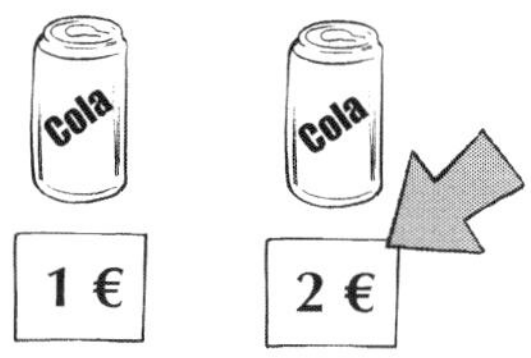

Im Supermarkt

1. Was kauft man im Supermarkt? Male die richtigen Kästchen grün an (→ anmalen).

Obst

Tiere

Schokolade

Gemüse

Buch

Kleidung

2. a) Schreibe die richtige Jahreszeit unter die Bilder.

Sommer – Winter

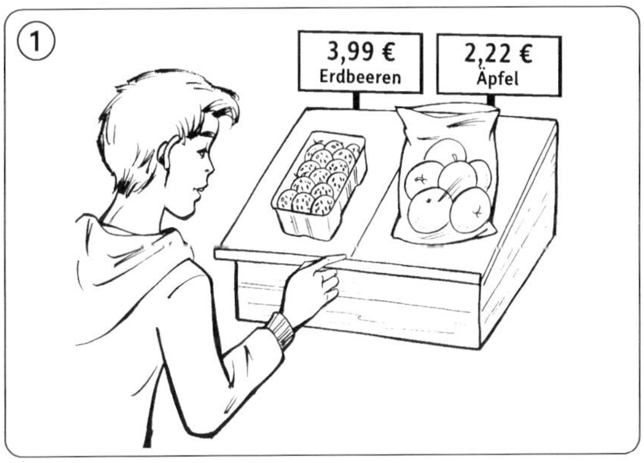

____

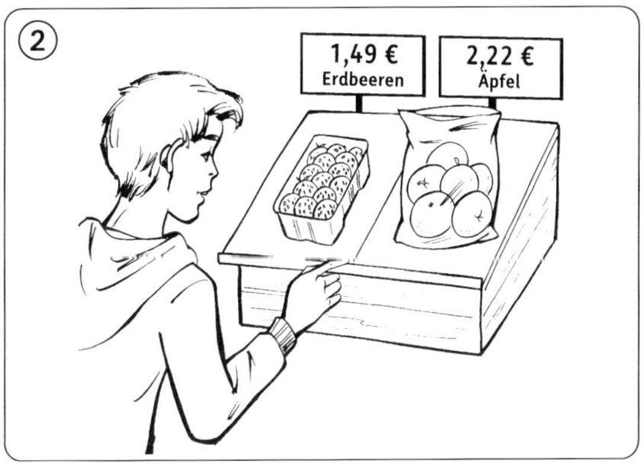

____

b) Beantworte die Fragen.

- Wann sind die Erdbeeren günstig?

____

- Wann sind die Erdbeeren teuer?

____

- Warum sind die Erdbeeren auf Bild 1 teurer (→ teuer)? Erkläre.

____

____

Im Supermarkt

1. a) Lies (→ lesen) den Text:

In Deutschland gibt es Supermärkte. Man findet dort verschiedene Produkte. Die Preise eines Produkts sind aber nicht immer gleich. Der Verbraucher kann zwischen den verschiedenen Preisen wählen.

b) Schreibe die Preise auf die Linien.

KÄSE		MILCH		JOGHURT	
	______ € ______ € ______ €		______ € ______ € ______ €		______ € ______ € ______ €

2. Oben (↑), unten (↓) oder in der Mitte? Beantworte die Fragen.

- Wo im Regal sind die Produkte günstig? Erkläre.

____

____

____

- Wo im Regal sind die Produkte teuer? Erkläre.

____

____

____

Lösung

Im Supermarkt

1.

2. a)

① 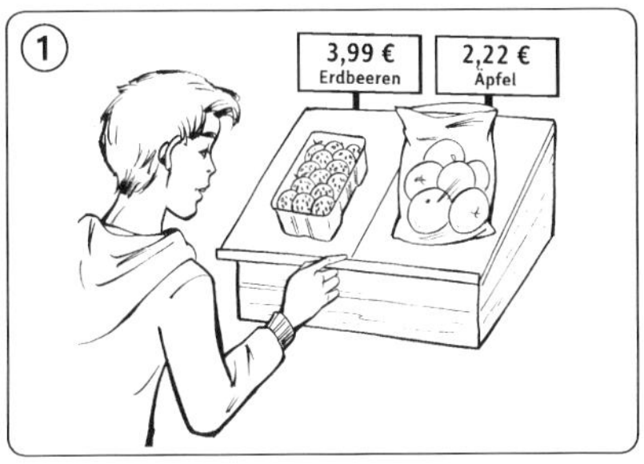

Winter

② 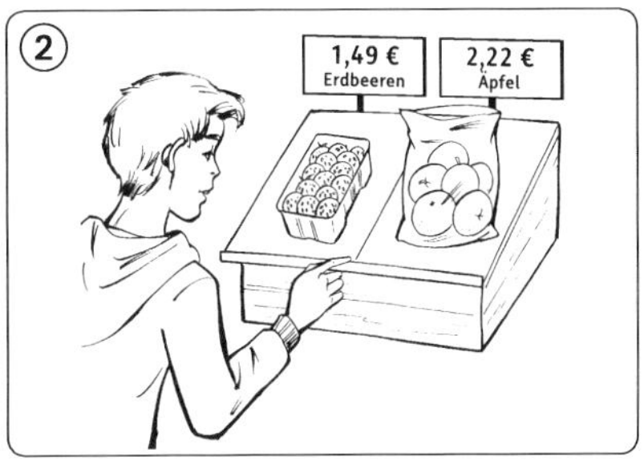

Sommer

b)
- Im Sommer
- Im Winter

- Weil es im Winter weniger Erdbeeren gibt.

---

1. b)

KÄSE		MILCH		JOGHURT	
	2,20 €		0,99 €		0,49 €
	3,79 €		1,99 €		2,50 €
	1,99 €		0,88 €		1,10 €

2.
- Die Produkte sind unten und oben im Regal günstig.
- Die Produkte sind in der Mitte im Regal teuer.

Umweltverschmutzung

Umweltverschmutzung

duschen dusche! *to shower*		die Dusche die Duschen *the shower*

Umweltverschmutzung

		das Kraftwerk die Kraftwerke *the power plant*

Umweltverschmutzung

		die Luft die Lüfte *the air*

Umweltverschmutzung

verschmutzen verschmutze! *to pollute*		die Verschmutzung die Verschmutzungen *the pollution*

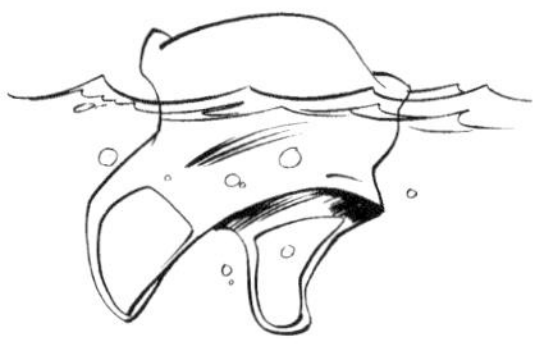

Umweltverschmutzung

1. a) Schneide das Puzzle aus (→ ausschneiden).

b) Klebe jedes Bild in das richtige Kästchen.

① Rauch durch Kraftwerke	② Müll im Wasser	③ Abgase durch Autos

c) Welches Bild passt zum Satz? Fülle die Kästchen mit der richtigen Nummer (1–3).

- Abgase verschmutzen die Luft. ☐
- Rauch verschmutzt die Luft. ☐
- Müll verschmutzt das Wasser. ☐

2. Was sieht (→ sehen) Max auf seinem Weg in die Schule? Kreuze die richtigen Kästchen an (→ ankreuzen).

☐ Flaschen

☐ Blumen

☐ Plastik

☐ Essensreste

☐ Steine

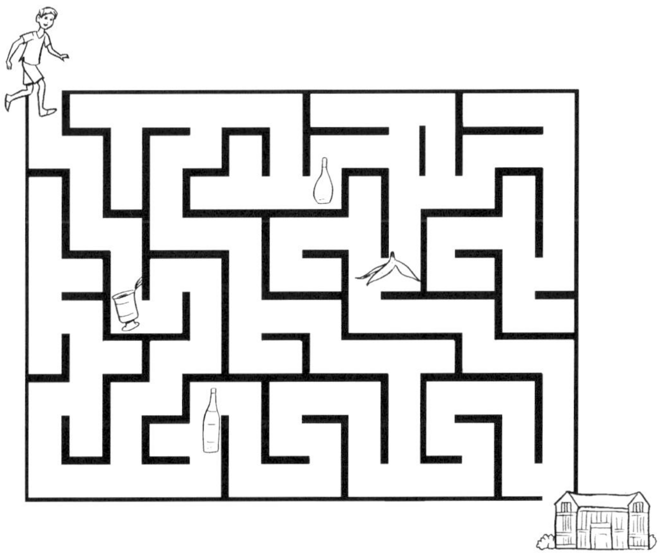

1. Was sieht (→ sehen) Max auf seinem Weg in die Schule? Kreuze die richtigen Kästchen an (→ ankreuzen).

- ☐ Flaschen
- ☐ Blumen
- ☐ Plastik
- ☐ Essensreste
- ☐ Steine

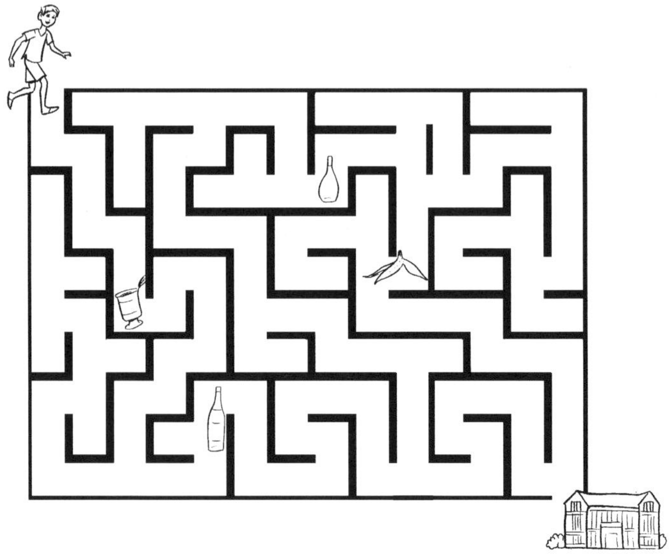

2. a) Ergänze die Sätze mit diesen Wörtern.

der Garten

die Körperpflege

das Geschirrspülen

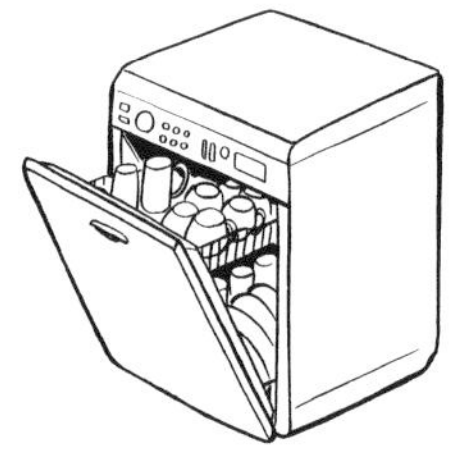

das Kochen und Trinken

die Toilettenspülung

das Duschen

- Am meisten nutzen die Deutschen Wasser für die ______________________.
- Am wenigsten nutzen die Deutschen Wasser für das ______________________.
- Das ________________ verbraucht 30 % Wasser.
- 6 % Wasser nutzen die Deutschen für die ______________________, das ______________________ und den ______________________.

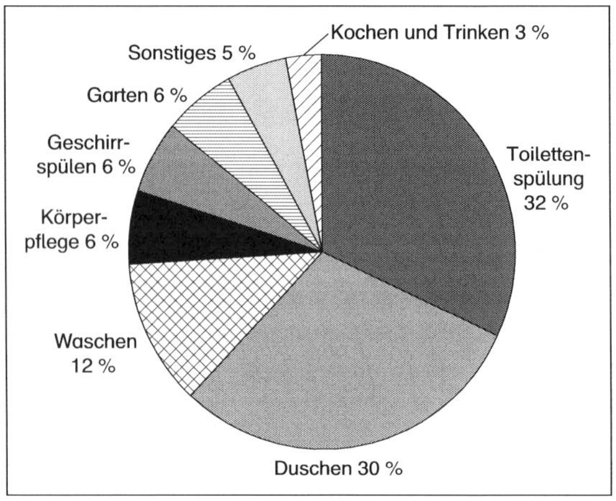

b) Schreibe die Sätze in dein Heft.

Umweltverschmutzung

1. b) ① Rauch durch Kraftwerke ② Müll im Wasser ③ Abgase durch Autos

c)
- Abgase verschmutzen die Luft. 3
- Rauch verschmutzt die Luft. 1
- Müll verschmutzt das Wasser. 2

2.
- [x] Flaschen
- [ ] Blumen
- [x] Plastik
- [x] Essensreste
- [ ] Steine

---

1. Lösung, siehe oben (↑), Aufgabe **2**.

2.
- Am meisten nutzen die Deutschen Wasser für die Toilettenspülung.
- Am wenigsten nutzen die Deutschen Wasser für das Kochen und Trinken.
- Das Duschen verbraucht 30 % Wasser.
- 6 % Wasser nutzen die Deutschen für die Körperpflege, das Geschirrspülen und den Garten.

Müll

Müll

		der Biomüll – *the organic waste*

Müll

		die Müllentsorgung die Müllentsorgungen *the garbage disposal*

Müll

		die Mülltonne die Mülltonnen *the rubbish bin*

Müll

		das Papier die Papiere *the paper*

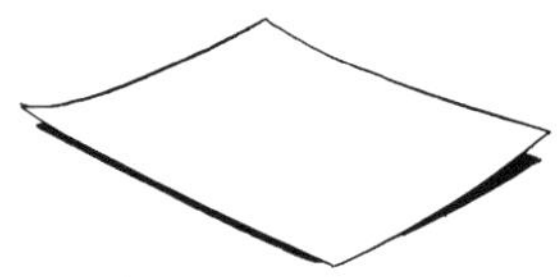

Müll

		die Polizei – *the police*

Müll

		der Restmüll – *the residual waste*

Müll

trennen trenne! *to separate*		die Trennung die Trennungen *the separation*

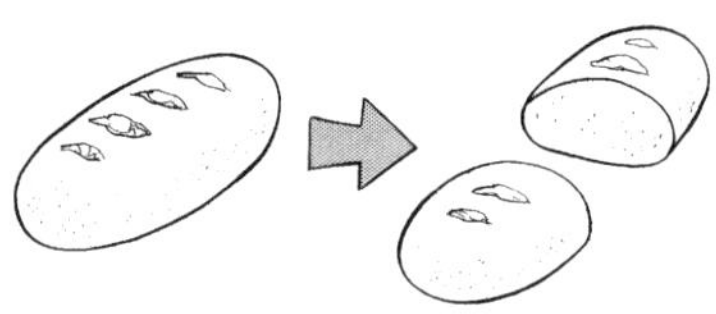

Müll

1. a) Betrachte das Bild.

b) Fülle die Lücken mit den Wörtern links (←).

Der ____________________ bringt

den ______________ zur

__________________________.

2. a) Lies (→ lesen) den Text:

In Deutschland wird der Müll getrennt (→ trennen). Der Müll kommt in Mülltonnen. Mülltonnen haben in Deutschland verschiedene Farben, um den Müll besser zu ordnen.

b) Male die Mülltonnen richtig an (→ anmalen).
Papier: Blau   Restmüll: Schwarz   Biomüll: Braun   Plastik: Gelb

c) Verbinde die Bilder unten (↓) mit den richtigen Mülltonnen.

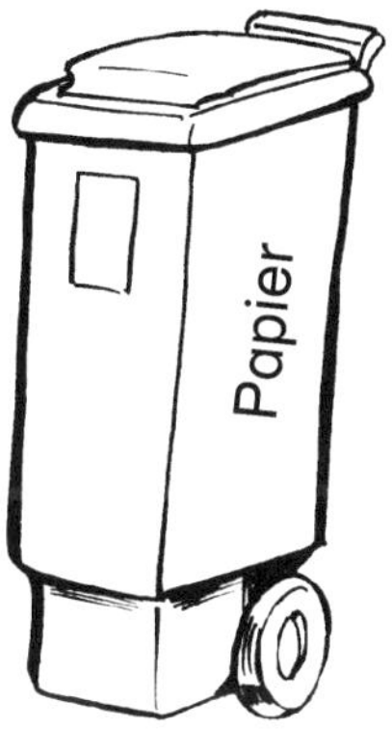

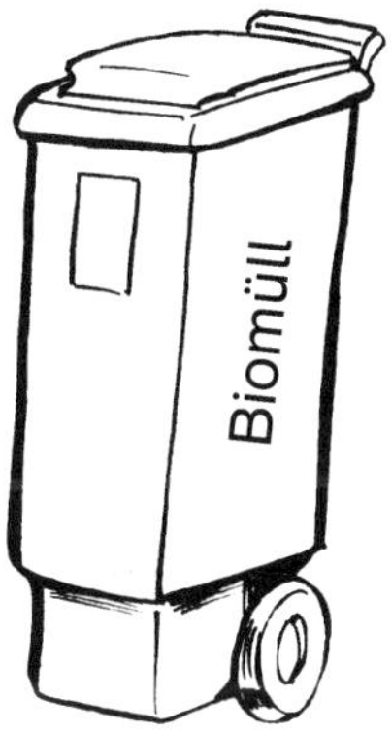

Blumen

Zeitung

Tasse

Joghurtbecher

3. Nenne andere Beispiele. Markiere mit einem Buntstift in der richtigen Farbe.

______________ ______________ ______________ ______________

______________ ______________ ______________ ______________

Müll

1. a) Lies (→ lesen) den Text:

In Deutschland gibt es die Müllentsorgung. Die Müllabfuhr holt den Müll. Die Müllabfuhr bringt den Müll zur Müllentsorgung: Es gibt die Mülldeponie und die Müllverbrennung.

b) Wie kommt der Müll zur Müllentsorgung? Kreuze an (→ ankreuzen).

☐ Durch die Polizei ☐ Durch die Müllabfuhr

2. a) Betrachte die Bilder.

Mülldeponie:

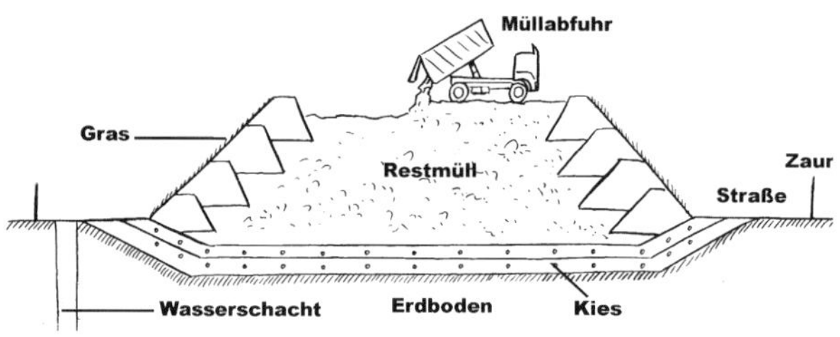

Müllverbrennung:

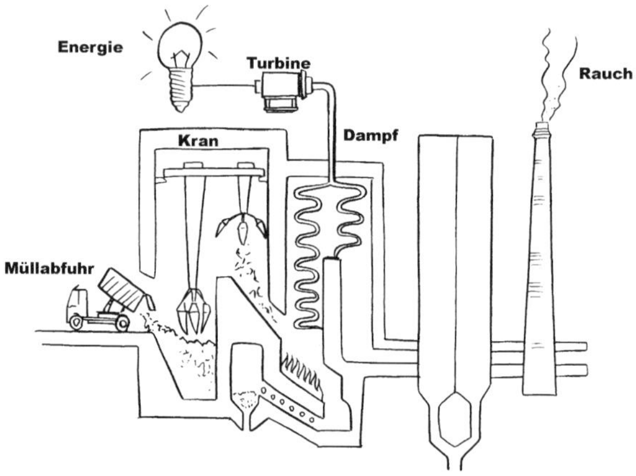

b) Richtig (r) oder falsch (f)? Kreuze an (→ ankreuzen).

	r	f
In Deutschland gibt es die Mülldeponie und die Müllverbrennung.		
Kies liegt bei der Mülldeponie zwischen dem Erdboden und dem Restmüll.		
Bei der Müllverbrennung entsteht kein Rauch.		
Bei der Müllverbrennung entsteht keine Energie.		

c) Schreibe die falschen Sätze richtig auf die Linien.

Müll

1. b) Der _Bewohner_ bringt den _Müll_ zur _Mülltonne_.

2. c)

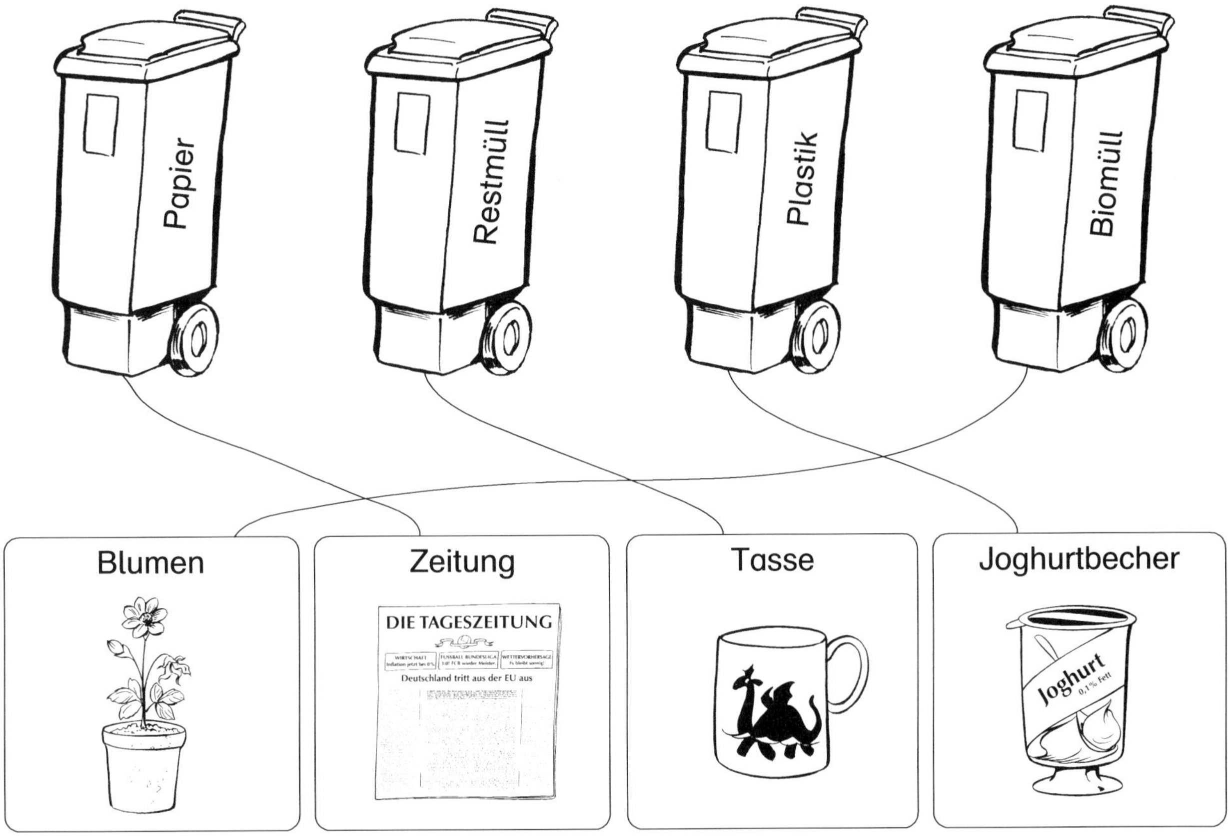

3.

Pappe	Stifte	Dose	Essen
Bücher	Stoff	Folie	Kaffeesatz

---

1. b) ☐ Durch die Polizei ☒ Durch die Müllabfuhr

2. b)

	r	f
In Deutschland gibt es die Mülldeponie und die Müllverbrennung.	X	
Kies liegt bei der Mülldeponie zwischen dem Erdboden und dem Restmüll.	X	
Bei der Müllverbrennung entsteht kein Rauch.		X
Bei der Müllverbrennung entsteht keine Energie.		X

c) Bei der Müllverbrennung entsteht Rauch.

Bei der Müllverbrennung entsteht Energie.

Klimawandel

Klimawandel		
entweichen entweiche! *to escape*		

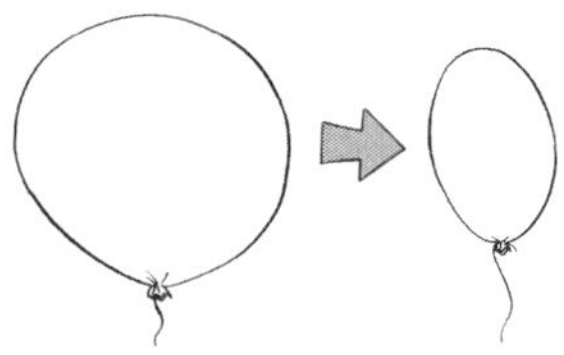

Klimawandel		
		die Erde – *the earth*

Klimawandel		
erzeugen erzeuge! *to produce*		die Erzeugung die Erzeugungen *the production*

Klimawandel		
		das Gas die Gase *the gas*

Klimawandel		
		die Schicht die Schichten *the layer*

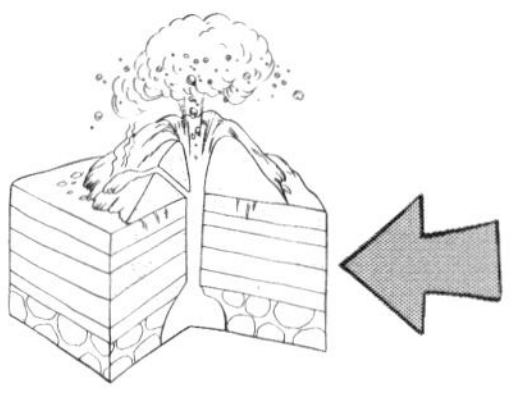

Klimawandel		
		die Temperatur die Temperaturen *the temperature*

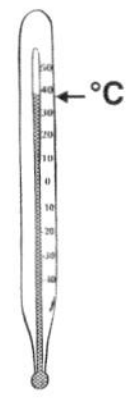

Klimawandel		
		das Treibhaus die Treibhäuser *the greenhouse*

Klimawandel		
(sich) wärmen wärme (dich)! *to warm (oneself)*	**warm** *warm*	die Wärme – *the warmth*

Klimawandel

1. Suche im Atlas die Kontinente. Schreibe auf die Linien.

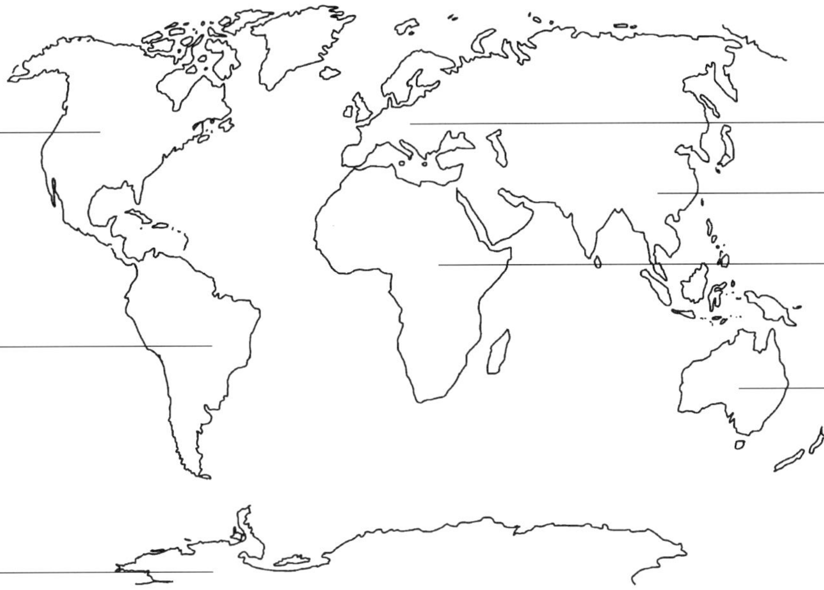

2. Verbinde die Bilder mit dem richtigen Kontinent.

Afrika

Europa

3. Fülle die Lücken mit diesen Wörtern.

Eis – Wasser – Berg – wärmer (→ warm)

Auf dem ______________ ist ein Gletscher. Gletscher sind aus ________. Wenn das Eis schmilzt, wird es zu ____________________. Seit vielen Jahren wird der Gletscher immer kleiner. Der Grund: Auf der Erde wird es ________________.

Klimawandel

1. Fülle die Lücken mit diesen Wörtern.

Gletscher – Eis – Wasser – Berg – kleiner – wärmer (→ warm)

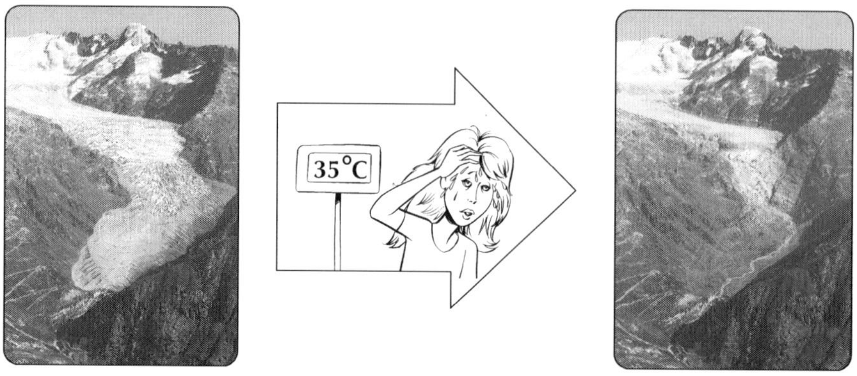

Auf dem ______________ ist ein __________________. Gletscher sind aus ________. Wenn das Eis schmilzt, wird es zu __________________. Seit vielen Jahren wird der Gletscher immer __________________. Der Grund: Auf der Erde wird es __________________.

2. Ordne die Satzteile. Schreibe den Satz richtig auf die Linie.

wird es	vielen Jahren	Auf der Erde	seit	wärmer (→ warm).

____

3. a) Lies (→ lesen) den Text:

Auf der Erde wird es wärmer (→ warm). Die Menschen und Tiere erzeugen viele Gase. Die Gase sammeln sich. Die Wärme kann nicht entweichen.

Der Treibhauseffekt:

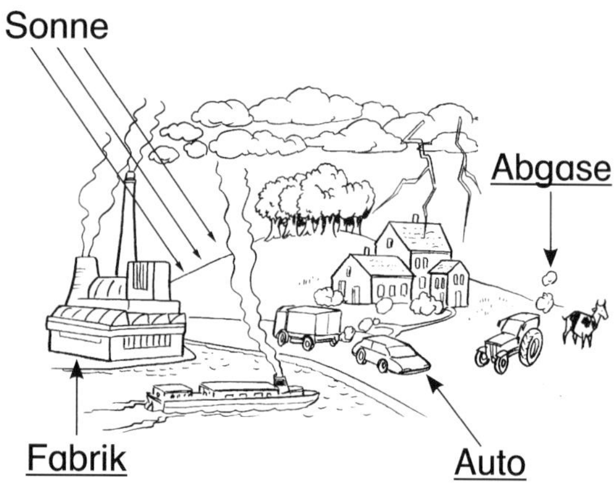

b) Richtig (r) oder falsch (f)? Kreuze an (→ ankreuzen).

	r	f
Die Sonne erzeugt Wärme.		
Autos erzeugen keine Abgase.		
Die Abgase bilden eine Schicht.		
Die Temperaturen steigen.		
Menschen und Tiere erzeugen Abgase.		

Klimawandel

1.

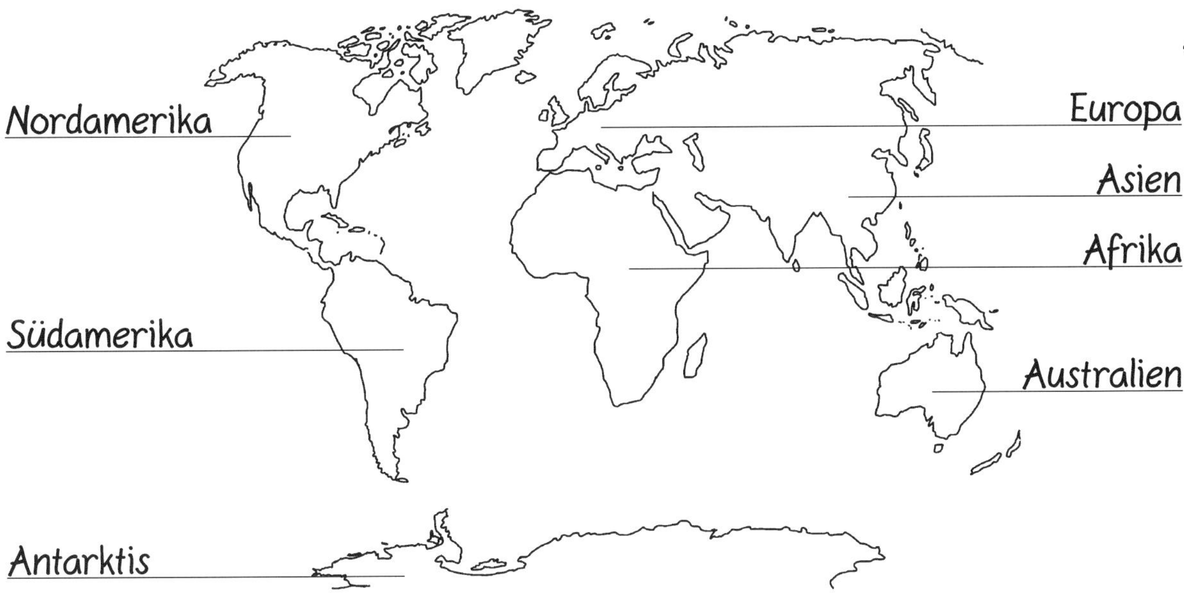

2.

Afrika

Europa

3. Auf dem *Berg* ist ein Gletscher. Gletscher sind aus *Eis*. Wenn das Eis schmilzt, wird es zu *Wasser*. Seit vielen Jahren wird der Gletscher immer kleiner. Der Grund: Auf der Erde wird es *wärmer*.

---

1. Auf dem *Berg* ist ein *Gletscher*. Gletscher sind aus *Eis*. Wenn das Eis schmilzt, wird es zu *Wasser*. Seit vielen Jahren wird der Gletscher immer *kleiner*. Der Grund: Auf der Erde wird es *wärmer*.

2. *Auf der Erde wird es seit vielen Jahren wärmer.*

3. b)

	r	f
Die Sonne erzeugt Wärme.	✗	
Autos erzeugen keine Abgase.		✗
Die Abgase bilden eine Schicht.	✗	
Die Temperaturen steigen.	✗	
Menschen und Tiere erzeugen Abgase.	✗	

Klimaschutz

		die erneuerbare Energie **die erneuerbaren Energien** *the renewable energy*

Klimaschutz

		der fossile Brennstoff **die fossilen Brennstoffe** *the fossil fuel*

Klimaschutz

sparen spare! *to save*	sparsam *saving*	der Sparer die Sparer *the saver*

Klimaschutz

strömen ströme! *to stream*		**der Strom** die Ströme *the electricity*

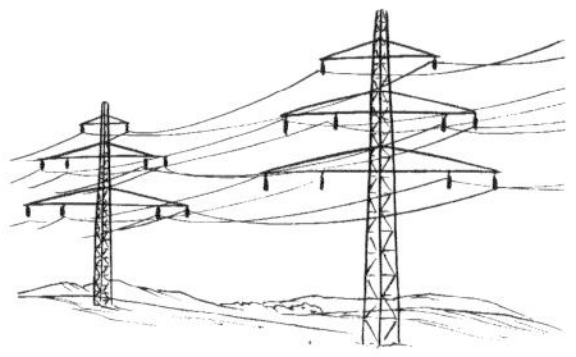

1. a) Ordne die Bilder in die richtige Reihenfolge. Beschrifte sie mit den Zahlen 1–3.

☐ Fabrik

☐ Plastiktüte

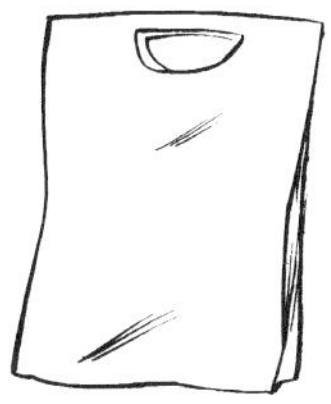

☐ Wasser und Erdöl

b) Fülle die Lücken mit diesen Wörtern.

Wasser – Plastik – Erdöl – Fabriken

Es gibt viele Tüten aus ______________. Plastik wird in ______________ hergestellt.

Dafür braucht man viel ______________ und ______________.

2. Was kann der Mensch anders machen?

a) Schneide die Kästchen aus (→ ausschneiden).

b) Ordne das Puzzle.

c) Klebe das Puzzle in dein Heft.

Joghurt im Plastikbecher

Brot in einer Brotdose

Plastiktüte

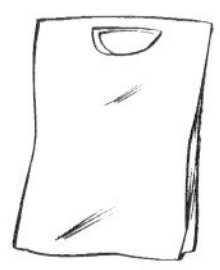

Obst lose

Brot in einer Plastiktüte

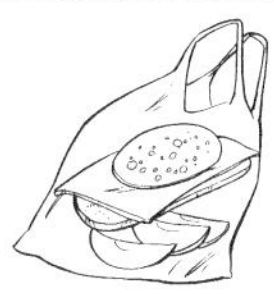

Glasflasche

Obst verpackt

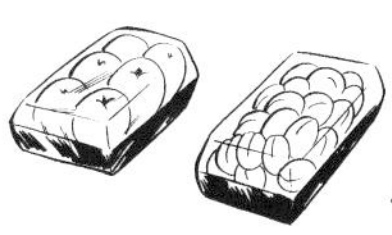

Stoffbeutel

Trinkpäckchen

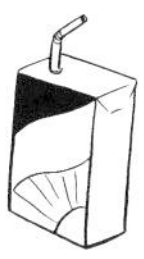

Joghurt im Glas

Klimaschutz

1. a) Lies (→ lesen) den Text:

Der Mensch braucht Strom. Es gibt fossile Brennstoffe wie Kohle und Öl. Fossile Brennstoffe verbraucht der Mensch. Es gibt erneuerbare Energien aus Wind oder Wasser. Erneuerbare Energien sind immer da.

b) Suche im Rätsel diese fünf Wörter zum Thema Energie. Markiere sie.

Wasser – Sonne – Erdöl – Kohle – Wind

R	K	C	H	L	N	E
O	W	A	S	S	E	R
L	N	E	B	O	Z	D
E	B	W	I	N	D	Ö
T	T	S	A	N	C	L
K	O	H	L	E	A	M

c) Ordne die fünf Wörter richtig in die Tabelle.

Fossile Brennstoffe	Erneuerbare Energien

2. Ordne den Bildern zwei Wörter aus Aufgabe **1b)** zu (→ zuordnen).

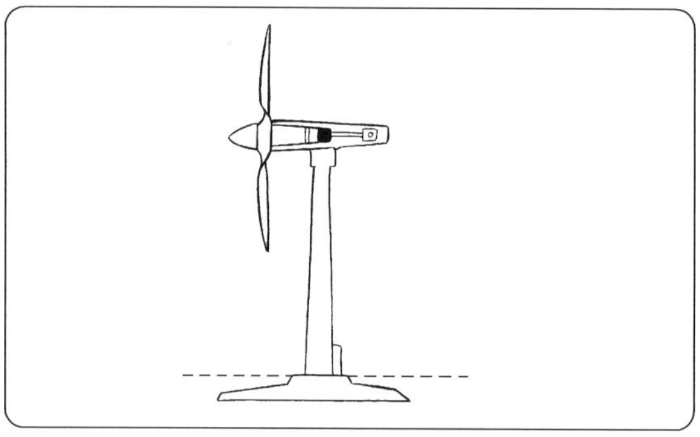

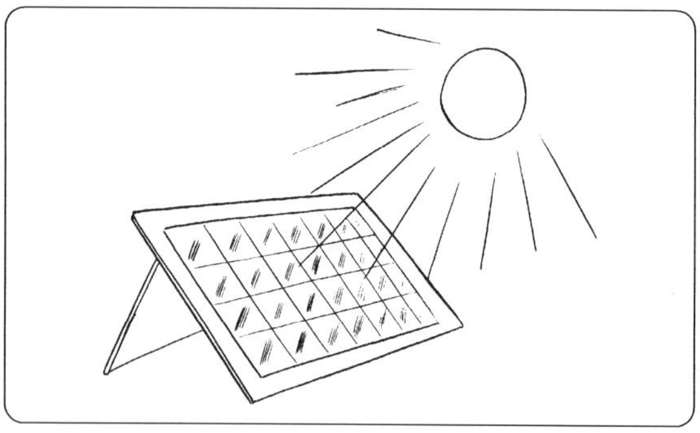

3. a) Markiere Gegenstände, die Strom brauchen.

b) Wie kann der Mensch Strom sparen? Erkläre.

1. a)

2 Fabrik

3 Plastiktüte

1 Wasser und Erdöl

b) Es gibt viele Tüten aus *Plastik*. Plastik wird in *Fabriken* hergestellt.

Dafür braucht man viel *Erdöl* und *Wasser*.

2. c)

Joghurt im Plastikbecher  – Joghurt im Glas 

Plastiktüte  – Stoffbeutel 

Brot in einer Plastiktüte  – Brot in einer Brotdose 

Obst verpackt 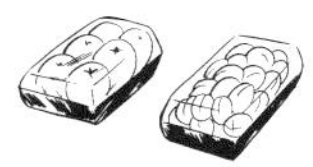 – Obst lose 

Trinkpäckchen 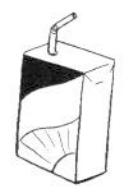 – Glasflasche 

1. b)

R	K	C	H	L	N	**E**
O	**W**	**A**	**S**	**S**	**E**	**R**
L	N	E	B	**O**	Z	**D**
E	B	**W**	**I**	**N**	**D**	**Ö**
T	T	S	A	**N**	C	**L**
K	**O**	**H**	**L**	**E**	A	M

c)

Fossile Brennstoffe	Erneuerbare Energien
Kohle	*Wasser*
Erdöl	*Sonne*
	Wind

2.

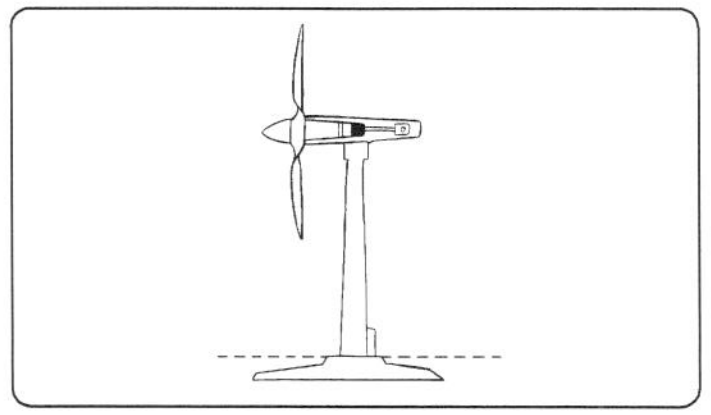

Wind

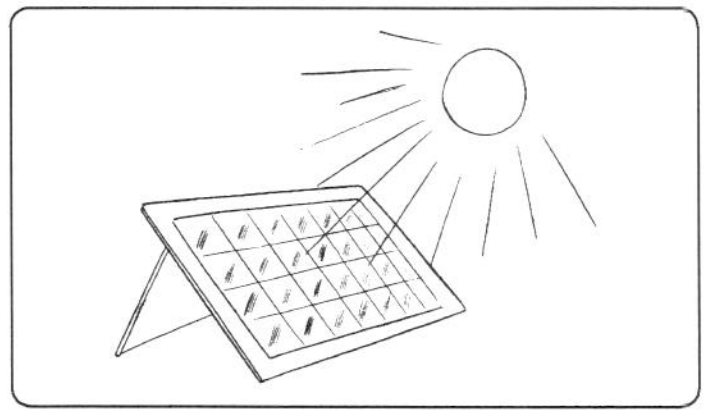

Sonne

3. a)

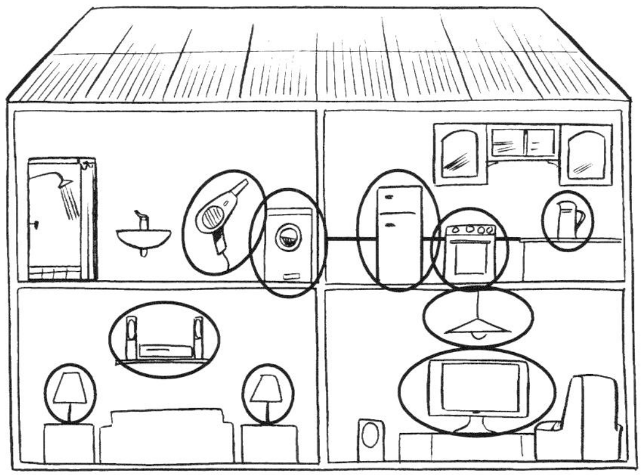

S. 27/29 Mädchen drückt Joint aus © Joshua Resnick, fotolia.com, #56750162

S.40/41 Museum © Christian A. Schröder; https://commons.wikimedia.org/wiki/File:Sprengel_Museum_Hannover_entrance_Kurt-Schwitters-Platz_Suedstadt_Hannover_Germany_02.jpg [Stand 31.10.2024]; CC BY-SA 4.0 (https://creativecommons.org/licenses/by-sa/4.0)

Feuerwehr © Sylvain Pedneault; https://commons.wikimedia.org/wiki/File:Fire_inside_an_abandoned_convent_in_Massueville,_Quebec,_Canada.jpg [Stand 31.10.2024]; CC BY-SA 3.0 (https://creativecommons.org/licenses/by-sa/3.0)

Spielplatz © Huhu Uet; https://commons.wikimedia.org/wiki/File:Wietzendorf_Spielplatz_03.JPG [Stand 31.10.2024]; CC BY-SA 3.0 (https://creativecommons.org/licenses/by-sa/3.0)

Stadtbibliothek © Käthe und Bernd Limburg; https://commons.wikimedia.org/wiki/File:B_175(1)_Stadtbibliothek,_Bl%C3%BCcherstra%C3%9Fe_6_(M%C3%B6nchengladbach).JPG [Stand 31.10.2024]; CC BY-SA-3.0 (https://creativecommons.org/licenses/by-sa/3.0/de/deed.en)

Müllabfuhr © eyetronic – stock.adobe.com

Standesamt © Ronny – stock.adobe.com

S. 55 Justitia © vegefox.com – stock.adobe.com

S. 75/77 Braunkohlekraftwerk © Leon Liesener; https://commons.wikimedia.org/wiki/File:Braunkohlekraftwerk_Niederau%C3%9Fem_Nick168.jpg [Stand 31.10.2024]; CC BY-SA 3.0 (https://creativecommons.org/licenses/by-sa/3.0)

Plastikmüll am Wasser © Vberger; https://commons.wikimedia.org/wiki/File:Beach_in_Sharm_el-Naga03.jpg [Stand 31.10.2024]; Public domain

Stau © B137; https://commons.wikimedia.org/wiki/File:Miami_traffic_jam,_I-95_North_rush_hour.jpg [Stand 31.10.2024]; CC BY-SA 4.0 (https://creativecommons.org/licenses/by-sa/4.0)

S. 83/85 Hochwasser © Bundesarchiv, B 422 Bild-0086 / Sers, Günter; https://commons.wikimedia.org/wiki/File:Bundesarchiv_B_422_Bild-0086,_K%C3%B6ln,_Rheinufer,_Hochwasser.jpg [Stand 31.10.2024]; CC-BY-SA 3.0, CC BY-SA 3.0 (https://creativecommons.org/licenses/by-sa/3.0/de/deed.en)

Dürre © Stefan Kühn; https://commons.wikimedia.org/wiki/File:Duerre.jpg [Stand 31.10.2024]; CC BY-SA 3.0 (http://creativecommons.org/licenses/by-sa/3.0/)

S. 83/84 Gletscher © Visualisierung von Bruno Nedela, VAW, ETH Zürich